卵は食べ物ですか

靳忠效
JIN CHUKOU

幻冬舎MC

卵は食べ物ですか

はじめに

人間にとっていちばん大事なのは「モノの見方、考え方」です。

自分の人生のステージを上げるためには、常に自分の「モノの見方、考え方」に磨きをかけ、さまざまな困難にぶつかって鍛え上げることが重要です。

私は偶然の出会いがきっかけで31歳で中国から日本に来て、福井大学に入り、博士号をとりました。しかし幼い頃からの念願だった研究者の道へは進まず、もっとも縁がないと思っていた経営者の道を選ぶことにしました。37歳のときのことです。

39歳のときには腎臓ガンがみつかりました。手術の結果、完治し、20年以上たった現在も再発はしていません。ガンが見つかったとき、私は「運がいいから必ず治る。70歳まで生きるんだ」と信じていました。結果は私が強く念じていたとおりになりました。

また創業後は、さまざまな失敗と成功を重ねてきました。

こうした中で多くの人と出会い、いろいろな経験をして、自分自身の「モノの見方、考え方」を鍛えあげてきました。その結果、私の中にさまざまな言葉が生まれました。たとえばこんな言葉です。

●商売の基本は倒産しないこと

私は創業当時ＨＭＤ（ヘッドマウントディスプレイ）をつくって中国で販売しようと計画して大失敗しました。周囲の日本人がいろいろと援助してくれて傷は最小限で抑えられました。

このとき会社経営でいちばん大切なことは、会社を倒産させないことだと知りました。法人としての会社は人間と似ています。生まれた子どもはやはり元気に育てていくのが何より重要です。会社が倒産すると人が亡くなったことと同じです。夢はどれだけ膨らませてもいいが、一方で会社は絶対に倒産させてはいけないのだとわかったのです。

ほかに私が大事にしているものに、こんな言葉があります。

●人間の基本は健康。死なないことです。

健康を守るためには寝ること、食べること、それによって健康を維持し、そのうえで楽しむことがとても重要です。

私は酒は飲みません。好き嫌いはありません。食べられるものは何でも好きです。美味しいもの、贅沢なものを、という意味ではありません。

若い頃は好き嫌いがありました。なにしろ中国の田舎で生まれたので、魚や米を初めてたべたのは、18歳で大学に入ってからだったのです。幼い頃の主食は小麦です。具のない餃子のようにして食べていました。だから今でも魚は食べるのが苦手です。骨があるから。

自分が大切にしているこうした言葉をビジネスで知り合った人に話すとみな興味を示してくれます。そうするともっと多くの人に私の発見を伝えたくなってきます。また、普段の身近な物事からじっくり観察してしっかり考えて仕事や暮らしに参考にできる道理を引き出して、自分の生き方に役立っていると思います。そこでこうした言葉を伝える本を書くことにしました。

こんなちょっと変わった経営者の話に少しばかりお付き合いください。

目次

Ⅱ　水は零度になったら自然に氷になりますか

III　なぜ偶然が人生を変えてしまうのですか

Ⅳ　人間の自由は凧と似ていますか

I

1メートルの真ん中はどこですか

バランスを取ることができる人は優秀ですか

「一流の知性とは、相反する2つの思いを同時に持ちながら、その両方を機能させる能力のことだ」。

The test of a first-rate intelligence is the ability to hold two opposed ideas in the mind at the same time, and still retain the ability to function.

これは小説『華麗なるギャツビー』で有名な作家スコット・フィッツジェラルドが1936年に発表したエッセイ『壊れる（The Crack-Up）』の中で見つけたことばです。

頭の中に常に相反する思いがあり、最後にバランスを取った決断をして、大胆かつ慎重に行動する人には知性を感じます。

こういう人の頭の中には「天秤」が存在し、そこには相反するものがのっており、天秤は常にバランスをとる動きをしています。

その人が商売をやっている人であれば、天秤の片方にのっているのは、思想など目に見えないもので、もう片方にのっているのはお金など目に見える物だったりします。

私にも経験がありますが、このふたつのバランスをどう取ればいいか、とても悩みます。

天秤にのったこのふたつのバランスを取りながら商売を続けるのはとても苦しいことです。

しかし苦しみながらも続けているとバランスを取ることが楽しくなってきます。

人生、目の前は暗いから注意することが必要ですが、遠い未来は明るく感じるぐらいの方がいい。

大胆プラス慎重、これが人生を生き抜く極意です。

1メートルの真ん中はどこですか

「1メートルの真ん中はどこですか」

そう尋ねられたら、あなたは何と答えますか。


「端から0・5メートルの部分」

多くの人がそう答えるでしょう。数学的にはそれが正解です。

しかし、これが物づくりの世界になると、正解ではなくなります。現実の物づくりの世界では「真ん中」という一点を特定することはできないからです。

現実の物づくりの世界では、こういう表現をするしかなくなります。

「端から0・5メートル辺りを中心にしたある一定の幅を含む部分」

この話は、本田技研工業の創業者・本田宗一郎さんの伝記の中に、お父さんの言葉として出てきます。お父さんが若き日の宗一郎に理論の世界での正解と、物づくりの世界での正解は違うと教える言葉として出てくるのです。

「1メートルの真ん中が0・5メートル」というのは数学の世界では正解です。でも実際の物づくりの世界では、そうではないとお父さんは宗一郎に教えました。

この話は理論の世界の正解と現実社会の正解に置き換えることができます。

「1メートルの真ん中」というものは、厳密に決めることは困難で「端から0・5メートルを中心にしたある幅の中にある」と考えるしかありません。それなのに理論の世界での正解ばかり求める人は、ありもしない「1メートルの真ん中」にこだわりすぎます。

もっと自由自在に思考を巡らせることが重要です。

何事も、ある幅をいつも頭の中に置いておくことが肝心なのです。常に妥協点を見つける姿勢が大切といってもいいかもしれません。そういう姿勢をもっていないと自分も相手も追い詰めることになって、いいことはひとつもありません。

最後は喧嘩になってしまいます。個人なら喧嘩で済みますが、国同士だと戦争さえ起こりかねません。

経験を積んだ技術者は、「1メートルの真ん中はどこですか」という問いに、いくつもの答えをもっています。技術者だけでなく有能な政治家も、こういう問答の対応がうまいものです。

この話は学校と現実の社会の違いに置き換えることもできます。

学校では正解はひとつです。「1メートルの真ん中は端から0・5メートルの部分」が正解です。しかし現実の社会に出ると正解はひとつではありません。

学生から社会人になる際には、これを知っているかどうかで大きな違いが生まれます。

ある人がいっていました。学校時代に優秀な成績を残した人は、実社会に出るとなかなか成功できないことが多いと。

その原因は学校の中での正解にこだわりすぎるからでしょう。社会に出ると、長い人生が待っています。人生はマラソンみたいなものです。それにくらべると学生時代は短い。学校でチャンピオンであっても卒業して現実社会に飛び込むと、良い結果を出すことができない人が多いのです。社会人になってから蓄積した知識こそが重要です。

中国では「本の中にある知識は死んだ知識だ」といいます。パソコンのアプリもそうですが、それをどう使うかによって結果はまったく変わってきます。知識を上手く活用できない人はほとんど失敗しています。

「1メートルの真ん中はどこですか」という問いには原則論プラスアルファの大切さが表現されているのです。それは「幅の大切さ」ともいえます。

人生にも幅というものを考えれば、もっと余裕ができます。たとえば大事な面会の約束をしたとき、その時間に絶対に遅れることができないと考えると、1時間も2時間も前に着くようにすることになってしまいます。

そういうふうに思い詰めるより、約束の時間にも幅があり、遅れそうになったら電話で謝ればいい。そう思えると余裕が生まれます。それが大事なのです。

「幅」という言葉でもうひとつ思い浮かべるのは人間や動物の体温です。

人間の体温というと学校では「正常値は37℃」と教わりますが、これにも「幅」があります。37℃ぴったりというわけではなくて、35・3℃が平熱という人もいれば37・3℃が平熱という人もいます。これは個性です。

ちなみにある本を読んでいて知ったのですが、ほ乳類の体温はみな37℃ぐらいなんですね。動物の体温にも人間と同じような「幅」があるのでしょうか。

人類の文明の元になったものを三つあげなさい

あるとき動物と人間は何が違うかを徹底的に考えたくなり、いろんな本を読みました。でも納得がいきませんでした。

そんななかで人気小売業のプロダクトを手がけるアートディレクターとして知られるデザイナーがこんなことを発言しているのが目にとまりました。

「空いた手で棍棒を持つのは自然だけれども、たとえば川に行けば、2つの手を合わせて水をすくって飲んだはずです。それが器の始原。器という道具の原点、原型です。だから、『棍棒』『器』。道具の始原は2つあると思うんです」（原研哉／阿部雅世著

平凡社刊『なぜデザインなのか。』２００７年）

人間の発明した道具の始まりを突き詰めていくと「棒」と「お椀」に分類されるという原氏の発想には、すごく触発されました。

人類は「棒」を使って獲物をとることを覚えました。発明したと言い換えてもいいでしょう。「棒」は外部からエネルギーの源を手に入れるという行為を象徴しています。

手と手を合わせる祈りの形からは、器が生まれました。「器」はエネルギーを体内に吸収するという行為を象徴しています。

でも、なにか足りない。私はそう感じました。

そこで閃いたのが「人間は比較することで進歩した」という考えでした。そして比較するには「物差し」が必要です。つまり人間は「棒」と「器」に加えて「物差し」を道具として発明したからこそ、ここまで進歩することができたのではないかと考えたのです。

物差しとは比較をする際に基準となるものです。正しく比較するには基準が明確にされていなければなりません。

たとえば「長さ」の単位が明確にされていなければ、多くの人が共同で大きな建物を作ったりすることはできません。また「時」の単位が明確にされていなければ、そもそも多くの人が同じ時間に同じ場所に集まって共同で作業することもできません。

いいかえれば「物差し」の発明によって人類は客観性を手にいれたのです。絶対的な王権をもったエジプトのファラオも長さや重さ、時などの物差しからは自由ではありませんでした。

さらに物差しは具体的なものを比較するための道具から、もっと抽象的なものを比較する――評価する道具へと進化していきました。

私は未開の社会と文明社会の区別は、そこに「時」というものが存在するかどうかだと思っています。「時」を計る時計もまた「物差し」といえます。

また独裁的な社会か民主的な社会かの区別も、その社会における善悪の評価基準となる「物差し」が明確になっているかどうかで判断できると思います。いいかえれば独裁社会に「物差し」は必要ないのです。

動物は物差しをもっていません。「物差し」をもっているのは、人間だけです。

そして人間は、その人自身の特別な物差しをもつことも重要です。

宇宙でいちばん速いのは何ですか

いまの科学では宇宙でいちばん速いのは「光」ということになっています。

光は一秒間に30万㎞進みます。これは1秒間に地球を7周半もしてしまう速度です。ところで宇宙の果てまでの距離は138億光年といわれていますが、宇宙でいちばん速い光でも宇宙の果てまでいくには、138億年という膨大な時間がかかることになります。

しかし、もっと速く宇宙の果てに到達できるものがあります。それは人間の意識です。人間の意識は「宇宙の果て」というイメージを浮かべた瞬間にそこに到達しています。人間の脳とＡＩをくらべて考えているときに閃いたのですが、これはすごいことではないでしょうか。

現在の科学者では人間の意識が何かはまだわからないそうですが、意識は自由自在で何よりも速く、どこにも瞬時にいけます。それにくらべてＡＩは人間が設計してつくったものですから、こんな芸当はできません。「意識」というものを生み出す人間の脳には、ほかにもたくさん不思議な能力があります。

たとえば「無意識」というものがあります。ほかの場所でも書きましたが、プロのアスリートはある動作が無意識にできるまで訓練に訓練を重ねます。これによって記録が伸びたりするのです。

また私が不思議だと思うのは、モノは人にあげたり渡したりするとなくなりますが、脳の中に蓄積された知識は、なくなりません。むしろ他人に知識を教えてあげることで、脳に蓄積された知識は、より洗練されていきます。会話もそうですね。他人と会話をかわすことは、脳にとって刺激になるようで、会話を交わした後では、人間はどこかしら成長しているのを感じます。他愛ないおしゃべりでもそうです。

世界でいちばん遠いのはどこですか

これもトンチ問題のようなものですが、世界でいちばん遠いのは、口ばかりよく動くが行動がそれに追い付かない人の手と口の距離で、それは宇宙の果てまでの距離より遠いかもしれないというオチです。

日本でも知られる陽明学でも「行動力」の重要性を繰り返し述べています。

陽明学の祖・王陽明は、人間の心には先天的に良知が備わっており、この良知を極め尽くすことが聖人に至る道であると説きました。そして知は、単に見るだけではダメで「行」（行動）を通じてのみ真の知となるという〈知行合一〉の説を唱えました。

私も行動することは重要だと思います。

とくによく口が動く人は、ほかの人以上に行動しないとたいていダメになってしまいます。

行動が大事なのは、行動を繰り返すことによって、新しく発見して経験が蓄積して人間は成長し、進歩するからです。

私も文章を書きますが、繰り返し書くことで、自分でも気が付いた不足があり、また読んだ人からヒントももらえます。それを元にまた続けて書くことで、より質の高いものを書くことができます。

行動は成長の元・進歩の源なのです。

ある意味ではしゃべることも行動とはいえますが、講演家でもやはり事前に内容を書きます。思いついたことをしゃべってそれだけでは成長につながりません。考えて、しゃべって、動く。これがセットになって、しかも繰り返して、初めて成長するのです。

仕事でもそうです。商品の開発の場面でも、考えてものを作って、またそれを評価する。それを繰り返すことで、どんどんより良いものができます。行動の大事なところはそこですね。

宇宙人を否定も肯定もできないのはなぜですか

ＵＦＯの話が出てくることがあります。専門家でもない一般人が「その正体はなんだ？」とか、「宇宙人が乗っているのか？」とか、議論しているのを聞きます。私は天文学が好きで専門書を読んだりしますが、この種の議論をだれかとするようなことはありません。

宇宙人がいるかどうかを証明するのは、非常に難しい問題だからです。これには神様がいるかいないかを証明するのと同じ難しさがあります。こうした問題について専門家が、これまで人類が蓄積してきた英知を背景に議論を重ねるのは意味があることです。

でも私たちのような一般人が議論しても意味がないと思っています。そういう問題について長い時間をかけて議論するのは無駄だというのが私の考え方です。それよりももっと身近な問題について議論をして自分の独自の世界をつくり、そのなかで結果が出るように努力していくことが大切だと思います。

議論しても意味がないと思うものは、ほかにもあります。

たとえば「魂」とか「霊」とかいうものです。こうしたものが実在するかどうかについて議論することも無駄だと思います。私は「魂」も「霊」も存在しないと考えていますが、それを証明するのは非常に困難。

でもひとつだけいえるのは、もし「魂」や「霊」が存在するとしたら、これまで地球に生まれてきた何十兆、何百兆という人間の「魂」や「霊」が存在することになります。

そうだとしたら、この世は「魂」や「霊」でギュウギュウ詰め。とても息苦しくて生活していけません（笑）。

コイン投げは表と裏しか出ないですか

サッカーでキックオフを行うチームを決めるのにコインを投げて決めます。コインを投げて表と裏が出る確率はいくつでしょうか。それぞれ2分の1ずつというのが常識です。

しかし、ごく稀なことですが、コインが立つ可能性も排除できません。ある数学者が計算したところ、その確率は一億分の一程度だといいます。

その数字から私は宇宙に地球と同じような生命体が出現する可能性を示す数字を連想してしまいました。

それは投げたコインが立つ確率よりさらに一万分の一ほど低くて、一兆分の一程度だというのです。

われわれ人類も「宇宙人」だといえますが、宇宙人が存在する確率は、それぐらい低いのだと知ったとき、私は不思議な気持ちになりました。

そんなに低い確率で誕生した地球の生命体が、いったん誕生すると、途切れることなくどんどん「命」が継承されてここまできた。そう思うと、とても不思議だし、おもしろいことだと思ったのです。

私が商売を進める上で、いつも意識しているのは「可能性」と「実現性」と「継続性」です。

なかでも大切にしているのは「継続性」です。いくら素晴らしいものができても、それが続いていかないとおもしろくない。

たとえば営業活動です。100軒、200軒と飛び込み営業をして、その中から1軒の顧客が生まれるとしましょう。

確率は200分の1ですが、そこから取引が始まって未来へと関係が続いていく。

その「継続性」が重要だし、商売の醍醐味だといえます。

卵は食べ物ですか

私はいろいろな人に「卵は食べ物ですか？」と尋ねます。すると、ほとんどの人がこう反問してきます。「何か問題があるんですか？　卵は食べ物ではなく、見るものだとでもおっしゃりたいのですか？」と。

そう反問するのは、スーパーや家庭の冷蔵庫にある卵しか見たことがない人たちです。私たちにとって卵はシンプルで、ありふれた食材のひとつです。多くの人は、子どもの頃から「卵は食べ物である」と教わってきたでしょう。卵は栄養価が高く、多くの美味しい料理の基礎となります。目玉焼きは料理初心者にとって最も簡単な料理のひとつですし、ゆで卵は外出時の手軽な食べ物の代表格です。また、卵は多くの料理の材料としても活躍します。高級なケーキを作るのにも欠かせません。

卵は料理の世界で無限の可能性を秘めています。栄養バランスも優れており、人体の健康維持や成長促進に積極的な効果をもたらします。しかし、実際のところ、卵は本来「食べ物」ではないのです。

約20年前、私が病気で入院していたときのことです。ある日の夕食後、動物の世界を紹介するテレビ番組を見ていました。画面には、卵を産んだ母鶏が巣箱から出ようとしているところが映っていました。その後、母鶏がいなくなると、近くに隠れていたキツネが現れ、卵を食べてしまいました。その瞬間、私は大きな衝撃を受けました。

そのとき、気づいたのです。卵は本来、私たちが食べるために存在するものではなく、鶏の遺伝子を次世代に伝えるためにあるのだと。もちろん、人間にとって卵は栄養源であることに変わりありませんが、次世代に遺伝子を伝えるという本来の用途からは逸脱しているとも言えます。

キツネが卵を食べる映像を見た瞬間、私には二つの重要なヒントが浮かびました。

一つ目は、当たり前だと思っていたことが、実はその本質が違うかもしれないということです。だからこそ、もっと深く追求し、多角的な視点で物事を見る必要があるのではないかと感じました。卵に関しては、ヒヨコが生まれることを見せれば本質を理解してもらいやすいかもしれませんが、複雑な人間関係や環境問題などの場合は、さまざまな角度からの議論が必要です。

二つ目は、本来の用途以外にも、多くの可能性があるかもしれないということです。固定観念にとらわれない発展的な思考を持つことで、多くの発見や新しい発明が生まれる可能性があると気づきました。

たとえば、植物は二酸化炭素を吸収し酸素を放出して環境を浄化しますが、植物の用途はそれだけではありません。家具の材料、薬、染料、紙など、植物は多様な形で人間に役立っています。花も観賞するだけでなく、料理や香水の原料としても使われています。

技術の面では、アップル社がiPhoneを発売したことでスマートフォン市場が変革されました。スマートフォンは、私たちの生活と仕事のあり方を劇的に変え、情報をいつでもどこでも手に入れられる時代を切り開きました。

創造とは何か。それは、ある物の元々の用途という固定観念を超えて、新しい視点から見直し、新しい用途を発見することだと言えるでしょう。

それでも、あなたは「卵は食べ物ですか?」と尋ねられて、「はい」と答えますか?

上善は水の如しの意味するものは何ですか

水は人類の生存に不可欠な物質の一つでありながら、人生の哲学を説明するのにとくに理解しやすいものです。

たとえば、中国古代の哲人・老子はこういいました。

上善《じょうぜん》は水《みず》の若《ごと》し
水《みず》は善《よ》く万物《ばんぶつ》を利《り》して争《あらそ》わず
衆人《しゅうじん》の悪《にく》む所《ところ》に処《お》る
故《ゆえ》に道《みち》に幾《ちか》し

↓もっとも優れた「善」は水のようなものだ
↓水は万物を助け、育てて自己を主張せず
↓だれもが嫌うような低い方へと流れて、そこに身を置く
↓だから正しい道に近いのだ

老子は人生を水にたとえて、人生の運行は水のように滑らかで、控えめであるべきだといっています。柔軟で、争わず、流れに任せ、謙虚で寛容で自然な生き方を提唱し、人生、道徳、政治に関する深い考えを伝えました。

豊臣秀吉の家臣として日本の戦国時代に活躍した武将、黒田官兵衛（くろだ かんべえ）は、知的な軍略家として知られています。

黒田官兵衛はさまざまな功績を挙げましたが、とくに有名なのは、秀吉の朝鮮出兵や、関ヶ原の戦いにおける活躍でした。彼の戦略的な才能や軍事的な功績は、日本の歴史において重要な位置を占めています。

黒田官兵衛は中国の古い文書、なかでも「老子」の水に関する文をよく読み、その

内容を吟味したことで知られています。それをもとに官兵衛は、人生の指針として「水五訓」をまとめました。

この「水五訓」は、水の性質になぞらえることで、人々にとっての生き方や行動原則をわかりやすく示しています。

この「水五訓」を私なりに要約してみました。

水五訓一：水は自己の活力だけでなく、他の物を推進する能力も持つ
水五訓二：水は常に自らの前進方向を模索している
水五訓三：水は障害に遭遇すると、百倍の衝撃力を発揮する
水五訓四：水は汚れを清浄に洗い流す力や、清浄と濁りを受け入れる寛大さを持つ
水五訓五：水は蒸発して雲となり、雨や雪や霧に変わり、透き通った氷のような結晶に凝結するが、その本質を失わない

この水五訓は、柔軟性、堅忍、清潔さ、寛容さなど、人間の生き方における重要な美徳や原則を表しています。

老子やその影響を受けた黒田官兵衛の、このような物質に対する見方には、非常に興味深いものがあります。水というものを、水という物質自体の用途とは完全に異なる視点からみています。これは突如私に訪れた「卵は本来、私たちが食べるためにあるのではない」という気づきに、よく似ています。

こういうことは、おそらく人間の思考にのみできることでしょう。じっくり考えると、非常に不思議で、合理的なようにも感じられ、私たちに多くの洞察を与えてくれます。

歴史の本には真実が書かれていますか

私は子どものときから歴史書や伝記が大好きです。こうした本を見つけると、寝食も忘れてむさぼるように読みました。

でも歴史書や伝記が真実を描いているかどうかということを考えたことはほとんどなかったように思います。

「数年前のこともはっきりわからないのに、数百年前の歴史を書いた本は真実を描いているのか」

そういう議論があるのは、もちろん知っています。でも「真実かどうかに意味はない」というのが、この種の議論に対する私の結論です。

私がとくに好きなのは歴史小説とか伝記小説と呼ばれるものです。こうした分野では無限にある事実のなかから作家が自説に都合のいい事実を抜き出して、自由自在に自分の世界を構築していくのが常です。

たとえば、同じ歴史上の出来事という大きな「山」があるとしましょうか。それを前にしてある作家は尾根道から一気に山頂を目指す勢いで駆け上ります。ある作家は川を遡り、沢をつめて山頂を窺うでしょう。またある作家は、となりの山から森や林を俯瞰して全体像を把握するのに努めるかもしれません。

いずれにせよ、こうした作品を読むとき、私が注目するのは、それぞれの作家の、そのテーマに対する見方です。

その作品がどういう構成になっているか。数ある事実からなぜその事実をえらんだのか。そこから現代を生きるどんなヒントがもらえるか。それが大事だと思うのです。

「すこし高い」はどれぐらい高いですか

私が大学生だった頃ですから、もう40年以上前のことです。当時は数学が好きで一生懸命勉強していました。

そんなある日「その人は背が少し高い」というとき、この「少し高い」はいったいどれくらい高いのかと疑問が湧きました。そして数学を使ってこの「少し高い」を表すにはどうしたらいいかと考えました。

たとえば1より大きい数字は「＞1」で表せますが、ここにはどれくらい大きいのかというニュアンスを表すものは含まれていません。われわれ人間が日常的につかう「少し」「ちょっと」という言葉に含まれるニュアンスを数学的に表すのは実はとても難しいことだとわかったのです。

それがわかったとき私は「数学にも限界があるんだなあ」と思うと同時に、人間の曖昧さというものが素晴らしく思えてきました。

日本人の平均身長は男性が約171センチ。女性で約158センチといいますから、「少し背が高い男性」といわれれば、普通175センチぐらいの身長の人をだれもがイメージするでしょう。でも実際にそれぞれにイメージする「少し背が高い男性」の身長を測ってみることができたら、それはその人ごとに違っているはずです。それなのに「少し背が高い男性」というイメージは共有できます。

さらにおもしろいのは「すこし」とか「ちょっと」といった言葉の意味が人間同士で異なっているだけでなく、自分の中でも日々変わっているかもしれないということです。自分の中で今日の「ちょっと」と来年の「ちょっと」が違っているかもしれないと気付いたとき、おもしろいなと感じました。

こういう曖昧さは数学では扱うのが難しいし、いま流行している「ＡＩ」も苦手な分野なのです。

コップの形はどのように描きますか

簡単で単純な形をしたものでも、それを見る角度によってまったく違うものに見えることがあります。

たとえばコップです。あなたはコップの絵を描いてと言われたらどんなふうに描きますか。斜め上から見た形を描きますか。それとも真横からみた形を描きますか。

コップを真上から見ると円に見えますが、円を描いてこれがコップの絵だといっても多くの人はコップを描いたものだとは気がつきません。

「ただの円ですよ」といいます。

コップを真横からみると台形に見えますが、台形を描いてこれがコップの絵だといってても多くの人は気がつきません。「ただの台形ですよ」といいます。

コップという単純なものでも、見る人によってまったく違ったものに見えます。現実社会の出来事はもっと複雑ですから、想像もしないような見方をする人がいてもおかしくありません。

現実の出来事に対する見方は人それぞれ違うのです。だれかと対立したとき、相手にはまったく別の現実が見えているのだと知っておくことは重要です。

それを知っていれば無用なトラブルを事前に避けることもできます。相手は「真横から見たコップ」のことを話しており、自分は「上から見たコップ」のことを話しています。見方は違うが同じコップについて議論しているのだとわかれば解決策も見つかりやすいでしょう。

また日本では当たり前に見えることが、他の国や地域の人びとにけっして当たり前に見えないことも、コップの絵は教えてくれます。

たとえばトイレです。日本のトイレはとにかくきれいです。とくに公衆用トイレ。

あんなにきれいなトイレは世界中探しても日本以外にはありません。

エスカレーターの乗り方も日本独特です。みなさん片側にきちんと並んで乗って、東京は左側、大阪は右側です。

二つの乗り方がある国はほかにないでしょう。ほんとうに不思議です。家庭に供給されている電気のサイクルが関東と関西で違うぐらい不思議ですね。

因みに家庭用の電気は交流で、日本は静岡県の富士川と新潟県の糸魚川あたりを境にして、東側は50ヘルツ、西側は60ヘルツの電気が送られています。これは日本に初めて発電設備が導入された明治時代の初期、関東ではドイツから輸入した50ヘルツの発電機を使い、関西ではアメリカから輸入された60ヘルツの発電機を使うことになったのが原因といわれています。

書かれた文字と会話はどう違いますか

文字を書くという行為と言葉をしゃべるという行為はよく似ていると思われがちですが、実はまったく異なる行為です。私も本を自分で書いてみて、よくわかりました。でも実際に本を書いた経験のある人なんて一割もいないですから、誤解されています。

ほかでも書きましたが、文字は発明されてから何千年もたちますが、まったく古くならず、最新の情報を伝えてくれたり、小説などで素晴らしいフィクションの世界を作り出してくれたりしています。書かれた文字は便利な伝達の手段だったり、素晴らしい創造の道具だったりする一方で、多くの人に読まれるため、厳しく評価されます。

逆に言葉による会話は、だれでもできると思われているのと、再現性がないのとで、あまり厳しい評価を受けることがありません。そのため頭のいい人になればなるほど、話があっちこっちに飛び、聞いている人を混乱させることがあります。

とくに頭のいい人は話すときに優先順位を考えることが苦手です。聞いている人が混乱するかもしれないなどとは考えず、自分の頭の中にあることを、片っ端から話そうとするからです。

ですから相手に理解してもらおうと思ったら、まず頭の中を整理してみて、何から話したらいいのか、優先順位をつける訓練をすることが大切です。

こういうふうに話すクセをつけると、いつも頭の中が整理されて重要なこととそうでないことがきちんと分けられるようになります。そうすると人前で話すような機会があったとき、自分でもびっくりするほど論理的に話せるようになります。そうすると自信もつき、周囲の人からも評価されるようになるのです。

山に降った雨は必ず海へ流れますか

頭のいい人は学校では良い成績を残すので、周囲の人は後々きっと成功して素晴らしい人生を送ると考えがちです。でもこの本でも何度も書いているように、頭のいい人が必ずしも学校を出てから成功するとは限りません。それはなぜでしょうか。

山に降った雨はある程度の量が集まって水としての「流動性」を持たないと山を流れ下る能力を持つことができません。

人間も同じです。頭が良いだけではだめで、ある種の能力に秀でていないと多くの人を動かしたりまとめたりして成功という「海」に導くことができません。

さらに山に降った雨が海に流れ下るには「高低差」、つまり位置エネルギーが不可欠です。

この位置エネルギーは人間にとって、その人を取り巻く外部条件といえます。どんな国に生まれたか。どんな家族に囲まれて育ったか。自分でどんな人間関係を作ってきたか。こうした外部条件は、その人が学校を出て社会に出たあと、成功できるかどうかに大きく関係してきます。

三つ目の条件は「水路」の存在です。

水は山の斜面の状態によってはスムーズに流れ下れないこともあります。そんなときに助けになってくれるのが「水路」の存在です。

「流動性」と「高低差」、この二つの条件をクリアし、偶然にもこうした水路に巡りあった水だけが晴れて海に流れ込むことができるのです。

人間にとっての「水路」とは前人が築いてくれた「道」や「方法」のようなものかもしれません。

Ⅱ

水は零度になったら自然に氷になりますか

人間の運命は「命」と「運」に分けられますか

人間の運命は光に似ています。波動性と粒子性の二つの性質を併せもっているからです。「運命」という言葉は、何かに当たって進路を変える「運」と、絶えず前へ前へと進む「命」の二つからなります。両方を合わせて、人間は自分自身の運命を切り拓いていくというのが私の考えです。

「人間の運命と光が似ている」という発想は、温泉に浸かっているときに閃きました。その温泉の湯船はちょっと広くて、湯船に立った波がずっと進んでいくのを見ていると、波が湯船の中にある岩にあたって方向をかえるのです。水面を手で叩いて次々と波を送ってやると同じように進んでいくのですが、岩にあたった後の進路がそれぞれ微妙に違うことに気づきました。それを見ているうちにまるで人間の運命みたいだなと思ったのです。

運命は、先祖から受け継いだ「命」と自分が切り拓く「運」に分けられると私は考えています。「命」は山から海へと自然に流れる河川のようなもので、「運」はこの流れに逆らってあなたが漕ぐ舟のようなものです。

誰でも名前が姓（苗字）と名（名前）に分かれているでしょう。姓（苗字）は「命」です。世代から世代へと受け継がれ、変更することはできないし、生まれた後に連続的な変化を中断することはできません。一度中断されると、それは死を意味し、「命がなくなる」と表現されます。

名（名前）は「運」であり、自分でコントロールできます。人間は自分の人生の進路を変更することができます。ただ、誰でも常に幸運と不運を持っています。運が悪く困難な状況に遭遇したときでも、自分の努力によりそれを乗り越えて良い結果が生まれることがあります。

したがって、その人の運命は、大人になる前は家庭や環境によって制限され、学校に行ったり、または仕事を始めたりすると、その人の将来は、ほとんどその人自身の認識、考え方、やり方によって決定されることになります。

たとえば、貧しい家庭の多くの子どもたちは、常に前向きなエネルギーに満ちています。そのエネルギーのおかげで本や継続的な学習を通じて、有能な友人と知り合ったり、正しいやり方を学んだりすることができます。その結果、生活や仕事でどんな問題に遭遇しても、それに対する適切で完全な解決策をとることができます。

また、時代のスピードに合わせて成長し、進歩することができれば、運命をガラリと変えることができます。それによって物質的な繁栄だけでなく、高貴な精神も手に入れ、充実した楽しい人生を送ることができます。

したがって、人間の一生は、どんな家系に生まれたかによって決まるのではなく、主に自分自身の正しい考え方と、実践的な行動によって決まるものです。ですから「偶然の大運」だけに頼って将来を決めるのではなく、常に小さな運を積み重ねる必要があります。

つまり、正しい方向に辛抱強く努力すれば、天も助けてくれるし、友人も助けてくれます。これは次の二つの格言に、完全に一致します。

●天に助けられる者はまず自らを助け、人に助けられる者はまず自らを強くしなければならない

●自分を助ける者は神に助けられ、自分を捨てる者は神に捨てられる

「命」は山から流れた川の水のようなものです。さまざまな支流が高い山から海へと流れ、戻ることはまったく不可能です。川が上流の源から来るように、さまざまな流れや支流、石、木、土壌などの地理的環境のように、祖先からの遺伝、知性、性格、才能、体力、身長、病気および国家や地域と家庭教育習慣・文化承継および生まれた時代を含んでいます。

これらはすべて本人が変えることはできず、確定的なものです。スポーツ、ダンス、歌、音楽など、幼いうちに発見できる才能もあり、専門的な訓練を受ければ成功することもあります。だが多くの人の性格や知性は、地中に埋もれた金のようなもので、それを理解できるようになるまでには、長い時間をかけて学び、発見する必要があります。

「運」は川の流れに逆らってボートを漕ぐようなものです。知識を習得し、うまく運行できる能力を備えて、機動的に適応し、大胆かつ慎重に流れの中から本流を見つけられれば、目標に近づくことができます。川には無数の分岐した支流があるように、あなたの人生という川の分岐点がどこにあるのか予測できない場合も少なくないかもしれません。

一度人生の進む道を選択したら、後戻りはできません。「人生の本流」を見つけることができるかどうかは、生まれつきの運だけでなく、自らの努力や能力や知恵に関わっています。

運は、農地を灌漑《かんがい》する人工水路建設というような巨大プロジェクトにも似ています。プロジェクトである以上、さまざまな困難や不測の事態に遭遇することは確実です。このプロジェクトをやり遂げるには、長期的な忍耐力をもつだけでなく、さまざまな先進技術を駆使して、可能な限り最速で完成させることが重要です。また、自分たちの利益だけでなく、子や孫の世代に遺産を残すという強い気持ちも必要です。

祖先が苦労して身につけたさまざまな知識や能力や教訓や苦労等を、子孫は、そのままではまったく受け継ぐことができません。

祖先が身に付けた知識や能力などは子孫に言葉か文字でしか伝えられません。子孫は、祖先が残した言葉や文字を聞いたり読んだりして、努力と謙虚な学びを繰り返し実践し、身につけるしかありません。

これは人間の宿命です。

一生懸命に働き、努力しなければ、先祖が残した遺産をすべて無駄にしてしまうことになります。

人間が意識的に学び育てるべき八つの項目とは

人間の「運命」とは、祖先から受け継いだ生来の1%の「命」と、99%の自分自身の努力による「運」によって決定されるものです。自分自身の思考と行動で自分の運命を究めていくためには以下の8つの項目を生まれてから家庭で、学校で、職場で、生活の中で、さらには友人関係の中で、意識的に学び育てる必要があると思います。

1. **知識**：学問的知識、職業的技能、語学力などは、とくに若いときに身につけることが重要です。現在は情報化時代で知識があふれているため、自分に合った方向性を選択することができます。その中からさまざまな内容を選択し、専門的かつ効果的に学習することが重要です。また、幅広く適応する哲学、人物伝記、歴史などの知識も養わねばなりません。

2. **価値観**：積極的で前向きな教育、社会経験、他者との交流を通じて、高潔で前向きな人格と健全な価値観を育成しなければなりません。誠実さ、責任感、他者への敬意などの資質が含まれています。

3. **ストレスに強い気持ち**：ストレス耐性、感情管理能力、楽観性などを高める訓練や自己調整を通じてストレスに強い気持ちを向上させることができます。心理学やメンタルヘルスの分野では、人生の困難にうまく対処するためのスキルや方法を提供しています。

4. **コミュニケーション能力**：練習、学習、訓練を通じて向上させることができる重要なスキルです。効果的なコミュニケーションには、言葉による表現、文章による表現、人の話を聞くことが含まれます。

5. **創造性と革新性**：これは、想像力を刺激し、継続的に学び、新しいアイデアを試すことによって伸ばすことができます。創造的思考は、芸術、科学、ビジネスなどさまざまな分野で役立ちます。

6. **リーダーシップ**：これは、他人を組織化し、やる気を起こさせ、導く能力であり、リーダーシップの原則を学び、リーダーシップのスキルを実践し、自分のリーダーシップの資質を継続的に向上させることによって養うことができます。

7. **良い習慣**：食事、運動、睡眠などの健康的なライフスタイルは、良い習慣を身につけることで達成できます。

8. **ソーシャルスキル**：ソーシャルスキルは、社会活動に参加し、人間関係を広げ、効果的なコミュニケーションを学ぶことで身につけることができます。これは仕事でもプライベートでも非常に重要です。

プロのスポーツ選手を見てみればわかりますが、たとえ天賦の才の持ち主であっても、予測不可能な偶然の運だけでは決して勝てません。やはり科学的かつ合理的な計画を立て、短・中・長期的な目標を定め、何十万時間ものトレーニングや何千回ものさまざまな試合を経て、真の力を身につけ、筋肉の記憶や動作に対する無意識の反応を養い、最終的に数分の勝負で自分の力量で勝敗を決めることが必要なのでしょう。

人間の寿命はなぜこんなに長くなったのですか

最近は日本でも「人生１００年時代」なんてことが普通にいわれるようになってきました。どうしてこんなに人間だけ、どんどん寿命が延びていくのでしょうか。

この間、中国の遺伝学の先生とお話する機会がありました。その先生がおっしゃるには、人間の寿命は遺伝学的にみれば、せいぜい40年から50年だそうです。ですから日本人のように平均寿命が80歳を超えるのは遺伝学的には異常なことだともおっしゃっていました。

そこで私は人間の寿命がこれだけ長くなった理由を、いろいろと考えてみました。その結果たどりついたのが、次のような結論でした。

人間が長寿になったのは、子どもが成長するのに時間がかかるようになったから。生物としての世代交代を考えれば、遺伝学の先生がいうように、個としての人間の役割は40年もあれば十分に果たせます。ところが社会がしだいに複雑化するにつれて、子どもや孫に伝えるべき情報・知識が膨大になって簡単には死ねなくなった。それで寿命が少しずつ延びていったのではないかと考えたのです。

一方、親の世代が自分たちの蓄積した情報や知識を次の世代に引き継ごうとして寿命を延ばそうとした結果、情報や知識を受け取る側の子どもたちにも変化が起こりました。増え続ける情報や知識を十分に吸収できるよう、脳の成長もゆっくりになったのです。

現代人の脳は、15歳あたりまでは完璧ではありません。それ以後も生きていくために不可欠な情報や知識を吸収する訓練がつづきます。そう考えると、最近の若い人たちが30歳になっても妙に幼いことにも納得がいきます。

同じ遺伝子をもつ一卵性双生児はなぜ性格が違いますか

私の友人には一卵性双生児が何組もいます。顔も体型もまったく同じで、しゃべる声までも似ています。

一つの卵子に一つの精子が受精したあと、その受精卵が２つに分かれて生まれたのが一卵性双生児です。一卵性双生児はほぼ１００％同じ遺伝子情報を持っていて、性別・血液型は同じです。

二卵性双生児は、二つの卵子にそれぞれ別の精子が受精して生まれたもので、兄弟姉妹がいっしょに生まれたようなものだといいます。

最初に一卵性双生児に会ったときは、私はとてもびっくりしました。その後戸惑うこともありましたが、だんだん慣れてくると、すぐに見分けがつくようになりました。なぜかといえば、同じ一卵性双生児でも、ちょっとした仕草はちがいますし、しゃべり方も違います。ですから付き合っているうちに区別がつくようになるのです。もっとも大きく違うのは性格でした。

こうした点には大学の研究機関も注目しています。病気の罹りやすさやその人の個人的な能力や性格について研究するのに、100%同じ遺伝子をもつ一卵性双生児は研究対象として興味深い存在なのだそうです。一卵性双生児を研究すると、病気の罹りやすさや能力や性格などに関わる遺伝的な要素（遺伝因子）と後天的な要素（環境因子）がどう影響するかがわかるといいます。

私のような普通の人間でも、一卵性双生児と付き合っていると、人間はひとりひとり独自のもの、オリジナルなものであることがよくわかります。人間は、生まれたあとの勉強とか努力がいちばん大切なのです。出会った人や本人の努力次第で人生が変わって進みます。運も生まれたあとに自分自身で切り拓いていくものです。

世代の呼び方はなぜ五つしかないのですか

自分をこの世に誕生させてくれた「父」と「母」。その「父母」は祖父母がいなければ、この世に生まれてきませんでした。そして「私」もまた結婚して息子をこの世に送り出しました。さらに子どもたちは、それぞれ孫を生んでくれるでしょう。

こうして世代から世代へ命は引き継がれていきます。でもつい最近まで人間の寿命は50年そこそこでした。私の祖父母は体が弱く早くに亡くなりました。ですから私は祖父母の顔を知りません。これはけっして稀なことではありません。父と母をそれぞれ生んでくれた二つの家族合わせて4人の祖父母の顔をすべて知っている人がいたら、その人は非常に運がいいのです。逆にいえば自分の息子がさらに子どもを生み、孫の顔をみることのできた人も運がいいといえます。

つまり直接顔を合わせて自分が人生で得た知識や経験を伝えることのできるのは、せいぜい子と孫の世代までです。また、自分が直接それらを受け継ぐことができるのも父母と祖父母の世代までなのです。つまり運がよくても直接つながりを持てるのは、自分を中心に考えたとき、前後四つに自分も含めた五つの世代にほぼ限られるのです。

その結果、どこの国でも世代の名称はこの五世代に限られるようになりました。第一世代の祖父母のうち、英語で祖父はgrandfather、祖母はgrandmother。第二世代の父はfatherで母はmotherです。「私」の下の第四世代の子どもは、英語ならchild。息子はson、娘はdaughterです。第五世代の孫になると英語ではgrandchildになります。こうした構造は中国語も同じですし、全世界に共通するものなのです。これに気がついたとき徹底的にしらべてみましたが、ほとんど例外はありませんでした。

くじ引きで1億円当たれば運が強いですか

別の場所で書いた「運命」という言葉のほかに「運気」という言葉があります。「運気」は空気のように目には見えません。でも確かに存在しています。一般的には偶然に起こった良いことを「幸運」と言い、偶然に起こった悪いことを「不運」と呼びます。

たとえば宝くじで1億円が当たった人は幸運とは言えます。しかし、その後自分の能力を向上させるように努力しなかった人は、必ずしも幸運の持ち主ではありません。逆に、ある期間、いつも不運に見舞われ、非常に不運な人生を送る人も、必ずしもその人生のすべてが非常に不運というわけではありません。ですから、運気をよく分析することには意味があります。

ご存知のように、人間の誕生自体が奇跡であり、幸運でもあります。一人の女性に毎月たった一つの卵子が生まれます。その卵子を何億もの精子が目指します。途中大変な苦労の末に最後たった一つの精子が幸運にも卵子に接触し受精することを許されます。

その後受精卵は胎児となり、十カ月ほど母親が赤ちゃんを身ごもり、陣痛に耐えて耐えてやっと赤ちゃんが誕生します。

したがって、誰の遺伝子の中にも「幸運」と「不運」が含まれていると思います。幸運に恵まれたときも喜びすぎる必要もないし、不運に見舞われたからといってもあまりイライラする必要もありません。

そもそも運気は毎日の天気のように変わりやすいものです。晴れの日も曇りの日もあり、風の日も雨の日もあります。人間にとって食べることも寝ることもごく普通のことであるように、運気も基本的にはその流れに身を任せればいいのです。

たとえ裕福で権力のある家に生まれたとしても、一生、運だけに頼って成功や幸福が保証されるわけではありません。やはり自らの勉強と努力によって得た「運」だけが、自らの運命を掌握する鍵であり、すべての幸運な人々の基本だと思います。

人間の運気は次の3種類に分けられると私は思います。

抽選運：多くのスポーツくじ、ゲーム、ギャンブル、宝くじはこれにあたります。あなたが宝くじに当たるのは幸運ですが、ほかの人にとっては当たることがなくなるので不運といえます。

このような抽選運は知識・知恵および努力にはほとんど関係がなく、ほんとうに能力の高い人はこの種の運をほとんど信じていません。宝くじで一等を取ろうが取るまいが、そんなことはどうでもいいし、気にしないのです。

一等を当てたことは、能力の高さを示すものでも、知識や知恵を増やすものでもなく、成長にもつながりません。逆に宝くじで大金を得た人の多くは、その後、凡庸な人生を送ることが多く、幸福を手に入れることもできず、中には退廃的な人生を送る人さえいると言われています。

変換運：卵が食べられることは鶏にとっては不運ですが、卵を食べた動物や人にとっては幸運です。また、渋滞で飛行機の便に間に合わなかったが、その飛行機が墜落事故を起こしたような場合、乗れなかったことは不運で、それによって災難が避けられたことは幸運です。これは「不幸中の幸い」だといいます。

こうした運気を私は「変換運」と名付けました。この「変換運」は、研究開発にも役立ちます。そして変換運を高めるには、常識にこだわらない発散的思考、高度な洞察力と閃き、多角的に開かれた視野、想像力と悟りが必要です。

だれもが気がつかないことにたまたま気付くのも変換運といえます。歴史上の偉人たちは、同じ現象を違う角度から考えたり分析したりして偉大な宇宙法則を発見し、偉大な発明を成し遂げてきました。

たとえば、偉人アイザック・ニュートンはリンゴの落下を見て重力の法則を発見したということです。歴史上の偉人は、常に現実世界の当たり前の認識に疑問を投げかけて、自分の主観的な意識で憶測するなと戒めて、示唆に富む真実を明らかにすることがよくあります。

因果運：どんなことでも、その発展や変化には一定の因果関係があり、原因がないのに結果が生じることはありません。「原因のない結果はない」。これが宇宙の法則であり、人間社会の発展の基本です。

したがって、私たちが良いと思うこと（幸運）、悪いと思うこと（不運）であっても、その発生の理由と条件が必ずあります。因果運がなければ、哲学的思考も科学技術の発展も人類社会の進歩もないのです。

原因を探る過程で、大きな困難や障害に遭遇することは、不運と言ってもいいですが、その困難や障害は、慎重に研究し、細かく分析し、既存の知識や知恵や能力を駆使して解決すべき問題として扱われます。たとえ成功率が非常に低くても、その過程で得た経験は次の成功につながるので、幸運となる良い結果を得ることができます。

そして、経験を科学的知識、技術的手法にまとめることで、まるで階段を登るように、進歩と成長を得て、幸福だけでなく、幸運をもたらし続けることができます。

歴史的に見ると、同じ才能と能力があり、同じ時代で同じ大きな努力をした人びともいっぱいいるのに、成功しなかった人びともいます。努力することは必要な条件ですが、成功したことはたまたまの幸運と言えます。

これは有名な格言の「人事を尽くして天命を待つ」と一致しているし、また有名な発明者であるエジソンの言った「天才は99％の努力と1％のひらめきである」という言葉にも一致しています。

「小さな富は勤勉次第で、中の富は能力次第で、大きな富は運命次第」と言われます。世の中には「棚からぼた餅」はありません。勤勉・努力をベースにして、徐々に積み重ねた良い運気しかありません。

因果運がいかに人類の進歩に寄与しているかは、激しいスポーツ競技やコンテスト、選挙などを見ればよくわかります。

実力がないと間違いなく負けるはずです。これが「普段の努力が物を言う」理由です。プロのアスリートは365日ほぼ休みなし、休日なしで練習しています。最終的な動きはほとんど肉体的な記憶に頼っています。最高のレベルを再現するために、筋肉の記憶と潜在意識の制御レベルが最高の状態にしているということです。

実力がほぼ同じ選手の試合、たとえば卓球を見ているとわかります。時折、ボールがネットに当たったり、台の端に触れたりすることがありますが、この偶然の幸運が勝敗を決めても、彼らはほとんど気にしないか、あるいは自分の力が十分でないと考えるでしょう。

ですから、オリンピック競技で1位になれず2位や3位に終わった選手が見せる表彰台でのさわやかな笑顔は本物だと私は思います。彼らは競技が終わったら自分の強さと弱さを綿密に分析し、技術を向上させ、よりハードな練習を続けていくと思います。

因果運は、個人の進歩や人類の発展の基本で、問題を発見し解決するという論理的な関係に沿ったものです。したがって、経験から学び、正否を論じ、継承と発展ができ、次世代に引き継ぐことができ、持続可能な発展のための科学的な関係です。人類の科学技術や医療レベルなどの発展は、こうした縁起に依存しています。

因果運を信じて努力する人は良い人生を送れるが、抽選運で何億円を手に入れても、それを続ける能力や知識はありませんから、いい人生を送れるとは限りません。ですから、因果運こそは正しい道で、成功の法則と言えます。

世界はマクロな要素とミクロな要素から成り立っています。現在の科学的確認によれば、我々の観察可能で測定可能な物はわずか5％で、95％はダークマターとダークエネルギーだと言われています。私たち人間が感じることができるのは、観測可能で、継続的で、持続的なものの5％しかないのです。ミクロ世界は、量子的で、ランダムで、偶発的で、変化していて、おそらくは抽選運に似ているでしょう。私たちはそれを見ることも予測することもできないのだから、無理強いせず、流れに任せるしかないでしょう。

したがって、人間にとっての原則は1つしかないです。つまり「人事を尽くして天命を待つ」ということです。見つけた問題とそれに対処する正しい方法を見つけ、常に成功率を高めていくことです。

スポーツや戦争など、競争や生死を分けるものであればあるほど、微妙な運が必要でしょう。たとえ全力を尽くしても目標に届かなかったとしても、試合終了後は自然の成り行きに任せ、恨まないことです。失敗した理由を分析し、経験を総括し、自らの能力を向上させ、次回はほんとうの実力で勝敗がつくように努力するのが正しい道です。

地球にある土、石、木、草、風景、金属と同じように、誰にでも才能があり、運がありますす。「生まれながらにして必ず役に立つ」という諺のように自分を信じて頑張りましょう。

現代人はほとんど自分を頼りにして生きています。あまりに家柄が悪く、生まれが悪いなどの外的要因があっても文句を言わず、自分の認識力と能力を強化し、自分の遺伝的才能を発見し、それを十分に発揮させ、プロスポーツ選手のように根気よく努力を続ければ、必ず充実した人生を送り、仕事でも成功を収めることができます。

医者からもらった薬を飲んで何割が治りますか

どんなにうまくいくといわれたことでも100%成功する保証はありません。うまくいかない確率は必ず残るという話です。

私は39歳のときに腎臓ガンがみつかりました。手術をした結果完治し、20年以上たった現在も再発はしていません。ガンが見つかったとき、私は「運がいいから必ず治る。70歳まで生きるんだ」と信じていました。結果は私が強く念じていたとおりになりましたが、運の悪い人は逆に80%の確率で完治するといわれていても、完治しない20%の方に入ってしまうことがあります。

診察の結果、医者からもらった薬を飲んだときも同じです。薬には有効率というものがあります。この薬を飲んだ人の何割に効果があるかを示す数字です。有効率が8割の薬は、飲んだ人の8割に効果があるということで、素晴らしい薬といえます。

でも考えてみると、この素晴らしい薬も2割の人には効果がないのです。もし自分がこの2割に当たってしまったらどうでしょうか。いくら「有効率8割の素晴らしい薬」といわれても、自分にはまったく効果がないのですから「有効率はゼロ」です。

私も腎臓ガンがみつかったとき同じような体験をしました。漢方医の父は乾燥させたトカゲがガンに効くという記述をみつけ、中国から数百匹送ってきました。私はせっかくなので毎日一匹ずつ煮てたべましたが効きませんでした。でも、私にとっては試してみるという気持ちがありました。これは悪くない性格だろうと思います。

どんなに「効果がある」「成功する」といわれるものでも、自分がやってみて効果がなければ意味がありません。株式投資でも同じようなことがいえます。多くの株の値段がどんどんあがってブームがきているような状況でも自分の持っている株だけがあがらないことは普通にあります。

すごく平和になった社会で新聞はなくなりますか

新聞の紙面を埋めるニュースの数々。もし世の中が平和になったらニュースのネタになるような事件もなくなるから、新聞はなくなるのでしょうか。

答えは「ＮＯ！」だと思います。

ここでも確率が問題になります。世の中が平和になるということは、世の中の大半を「いい人」が占めるということです。それによってどんどん犯罪や事件は減っていくでしょう。

でも「大半」である以上、そこに入らない人が出てきます。全体の99・1％がいい人でも0・9%は悪い人でしょう。悪い人は殺人も起こしますし、窃盗や詐欺に手を染めるでしょう。

また今日はいい人でも明日は気持ちが変わって悪い人になるかもしれません。

また仮に犯罪はゼロになっても事故は起きます。

「世の中が平和になる」とは、さまざまな事故の確率が限りなくゼロに近付いていくことを示しています。でもこれもゼロになることはありません。

飛行機はもっとも安全な乗り物です。飛行機の事故率は国際航空運送協会によれば100万便につき0・8回（2023年）で、これは自動車の死亡事故率とくらべて桁違いに安全であることを示しています。

しかし確率の問題である以上、事故は起きます。災害も同じです。台風などの気象災害や地震・火山の噴火による災害も必ず起こります。

犯罪はもちろん事故や災害が起きれば新聞はそれを伝えようとします。いろいろな社会問題を解析したり報道したりするのが新聞の使命であり社会的な価値だからです。

プロスポーツ選手はどう自分を進歩させますか

ビジネスを始めてからしばらくすると「勘」というものを意識するようになりました。取引をする相手としばらく話していると「あ、これはうまくいくな」という勘が働くことがあるのです。逆に「あ、これはだめだ」、そう思うことがあります。

社員の採用でも同じようなことがあります。履歴書を見ると申し分のない経歴の人なのですが、私の勘が「この人とはうまくやっていけないいな」と教えてくれるのです。

これらの「勘」と呼ばれるものは、すべて論理的な思考の結果出てくるものではなく、無意識に判断した結果だといえます。「勘」というものは不思議だなと思っていたら、ある人から重要なヒントをもらいました。将棋の羽生善治さんです。たまたまテレビで棋士の羽生善治さんの番組を見ているとこんなことをおっしゃっていました。

羽生さんによれば、プロ棋士は対局中、勝負所で2時間、3時間と長考することがありますが、最後の最後でどういう手を打つかはほとんど無意識の判断だということでした。

もちろん無意識といっても毎日毎日「将棋漬け」の生活を送り、研鑽を重ねた末の無意識の一手です。プロの一手というのはこういうもののことをいうのだと思いました。

そのとき思い出したのが、アスリートとしてトップクラスをいく選手が自分の練習について語る言葉でした。彼は、初めは動作の意味をよく考えながら練習しますが、無数に練習を繰り返すことによってしだいに体に動作を記憶させるのだといいます。そうすると最後にはほとんど頭で考えずに反射的に体が動くようになるそうです。

私の中で無意識に働く「勘」もこうしてできたのかもしれません。

水は零度になったら自然に氷になりますか

水が氷になるのは摂氏零度と学校で教わりました。
でも実際にやってみると水は摂氏零度になっても、自然に氷にはなりません。水が氷になるためには二つの条件が必要です。

まずひとつは温度が摂氏零度以下になること。つまり、過冷却状態の水でなければなりません。次に、氷のコア（核）となる物質が水中に存在することが必要です。水が氷に変わるためには、まず「氷核」が必要です。１００％の純粋な水は、摂氏零度以下に冷却しても氷にならず、過冷却状態の液体のままです。水中に微小な固体物質、たとえば塩の結晶や微細な塵などの不純物が含まれていることで、液体が固体の氷に変わるのです。この氷核が始まりとなり、周囲の液体水が固体の氷へと変わります。

これは人が集まって会社をつくり、新しいビジネスに乗り出す際に必ず強力なリーダー（社長）が必要になるのとよく似ていておもしろいと思いました。ただ単に人々が集まっただけでは変化は起きません。強力なリーダーが現れて周囲の支持を得ることで、元々「雑然とした」チームがリーダーの見識の下で「良い家庭」や「会社」や「軍隊」や「国」などに変わるのです。たとえば、家庭の場合は、良い父親や母親が家族をまとめ、問題を解決することが必要です。

また、水が氷に変わるためには、氷核以外にも摂氏零度以下に冷却する必要があります。この冷却状態は不可欠です。会社の場合は、社員、顧客、供給者などが一丸となって情報を共有し、協力することで、ビジネス活動が円滑に進み、会社が成長するのに役立ちます。

実社会では1＋1＝2ですか

数学の演算式である1＋1＝2を実際の人間社会で応用すると、二つの問題が生じます。

まず一つは、具体的な何かを指し示す単位のない数字1は誰にも理解できないということです。たんなる数字は数学の中にしか存在せず、実社会では数字の後ろには必ず単位が必要です。

二つめは、実際の世界では、精密な工業製品でさえも完全に同じ物は見つからないということです。したがって、実社会では完全に同じものを積み重ねること（1＋1）はできません。

現在の人間社会では、一人だけでは生存できず、他人と協力し合い、協力しながら仕事を遂行する必要があります。家庭も同様であり、互いに理解し合い、家庭を経営管理しなければなりません。

しかし、人間は非常に複雑で変化しやすく、常にさまざまな影響を受けて考え方や行動が変わることがあります。そのため、二人の人間の組み合わせも、この「1＋1＝2」という単純な数学の式には永遠に合致しないといえます。

結論として、実社会では二人の組み合わせは「1＋1＜2」（2未満）または「1＋1＞2」（2超え）になる可能性が大きいということです。

それでは、どのような条件が二人の人間の組み合わせで「1＋1＜2」（2未満）という状況を生み出すのでしょうか？

●**思考スタイルの不一致**：二人の持つ人生観や世界観が異なると、同じ問題に対する見解や見方もまったく異なります。そこで、二人で議論して得た結論も異なり、矛盾や隔たりが生じます。いくら交流をしても自分の見方を修正することができず、問題を正しく見ようとする意見を互いに拒否します。結局、時間が無駄になり、お互いに疲れ果て悩みばかりが増え、一緒に仕事したり暮らしたりするのが不愉快になるでしょう。

●**片方に性格の欠陥がある場合**：どちらかの性格が非常に頑固で、偏見を常に持って問題を議論する場合は、スムーズなコミュニケーションができないばかりか、互いの意見を調整することもできません。また、誠実さが欠けている場合には、事実の隠蔽《いんぺい》も起き、信頼も失われます。そこから疑念や不協和が生まれ、誤解や対立が引き起こされます。

●**仕事のスタイルが大きく異なること**：二人が一緒に仕事をする際、方法や速度の差が小さく、相手の許容範囲内であれば、まだ協力できるでしょう。しかし、差があまり大きすぎると、協調効果が低下し、徐々に理解が欠けるようになり、最終的な成果は、二人が個別に作業した場合の合計よりも劣る可能性があります。

●その他の問題：仕事を割り当て、各自の役割や責任が明確でない場合は、各自が相談せずに独自に行動することになります。仕事の過程で新しい問題が発生したとき、柔軟に対応できずにぼんやりしている場合もありますので、マイナスの結果が出るでしょう。

ここでは、「1＋1＜2」（2未満）という状況を生み出す例として、アメリカのアップル社の初期創業をしたスティーブ・ジョブズ氏とジョン・スカリー氏を挙げてみます。

二人はともに非常に能力があり、ジョブズ氏は創造力と先見性に富み、アップルコンピュータ社を設立しました。一方、スカリー氏は経験豊富な企業管理者であり、かつてペプシコーラのＣＥＯを務めていました。１９８３年、ジョブズ氏はスカリー氏の能力を認め、アップル社のＣＥＯとして招聘しました。スカリー氏のリーダーシップの下、アップル社は素晴らしい製品を数多く発売しました。

しかし、二人の関係は次第に緊張していきました。二人の性格は大きく異なり、仕事のスタイルも異なっていました。ジョブズ氏は強引で独断的な性格であり、一方、スカリー氏は穏やかで協議を好む性格です。ジョブズ氏はスカリー氏の管理スタイルに不満を持ち、彼を保守的で官僚的だと考えていました。

一方、スカリー氏はジョブズ氏があまりに感情的であり、制御が難しいと考えていました。1985年、ジョブズ氏とスカリー氏の間で矛盾がついに爆発しました。取締役会の席で、ジョブズ氏はスカリー氏の権限を奪おうとしましたが、最終的にはそれに失敗。逆にジョブズ氏は自身が設立した会社を追われることになりました。

十一年後、アップル社は経営不振に陥り、ジョブズ氏はアップル社に復帰しましたが、このときにはスカリー氏は既にいませんでした。

ジョブズ氏とスカリー氏はともに非常に能力があったとしても、性格が合わず、仕事のスタイルが異なり、1+1≧2にならなくて失敗したことを示しています。私はこの二人の組み合わせが失敗した原因は三つあると思います。

●**性格が非常に異なること：**ジョブズ氏は強引で独断的な性格であり、スカリー氏は穏やかで協議を好む性格でした。その違いが限界を超えたとき激しい衝突と矛盾を引き起こしました。

●**信頼の欠如：**ジョブズ氏はスカリー氏の管理能力を信頼せず、彼を保守的で官僚的だと考えていました。一方、スカリー氏はジョブズ氏の性格を信頼せず、彼が感情的で制御が難しいと考えていました。

●**コミュニケーションの不足：**二人の間で率直なコミュニケーションがほとんどなかったため、彼らの間の誤解や疑念がますます増し、協力しようとすることはまったくできませんでした。

実社会で1＋1が2より大きくなるのはどんな場合ですか

それでは実社会で1＋1が2よりも大きくなる可能性があるのはどんな状況でしょうか。実際には、前項で触れた三つの条件が逆になった場合を考えればよいと思います。

●**思考スタイルの一致：**二人の性格は異なるかもしれませんが、思考スタイルが一致している場合は、二人の関係には非常に柔軟性があるといえます。そのため議論してから同じ結論に達するのは容易であり、信頼関係を築くのも容易です。このような場合、コミュニケーションの手間がかからず、相手の意図を一瞬で理解することができます。この共通理解と調和の基盤の上で、最大の相乗効果を得ることができます。

●**それぞれの長所で互いを補完している場合：**誰でも長所と短所を持っていますが、一緒に仕事しているときに互いに自分は長所を伸ばすことができ、相手が自分の短所を補ってくれれば、理想的なパートナーといえます。協力関係に偏見はなく、互いの利点を尊重し、相手の長所を最大限に活かすことで、お互いの不足部分を補完することができます。このようにして、協力関係は相互補完し、最大限に効率を高めることができます。

●**目標の明確化：**上司や会社から明確な目標が与えられていなくても、適切にコミュニケーションを取り、二人が気持ちよく相談して合理的な役割分担を行うことができれば、自ずと二人の間で目標が明確になっていきます。その上でお互いに協力して、具体的で明確な任務を細分化し、段階的な目標を設定することができれば、手順を詳細かつ重複しないようにすることで、時間効率を最大化することができます。

ここでは仲良く協力した二人の例を挙げてみます。

アメリカの大富豪であり、最も有名な投資家であるウォーレン・バフェット氏のパートナーはチャーリー・マンガー氏です。この二人は投資のパートナーであり、世界で最も成功した投資持株会社であるバークシャー・ハサウェイを共同で経営しています。バフェット氏とマンガー氏は性格がまったく異なりますが、共通の価値観と投資理念を持っています。バフェット氏は控えめな性格で、独立した考えを好みます。一方、マンガー氏は外向的な性格で、講演が得意です。バフェット氏は価値評価が得意であり、マンガー氏は問題を多角的に考えるのが得意です。彼らの成功は、性格が異なっていても、共通の思考スタイル、世界観、価値観を持っているので、お互いに協力して成功を収め、大儲けすることができることを証明しています。

二人にはいろいろなエピソードがあります。

●株主総会で、ある株主がバフェット氏に尋ねました。「もしマンガー様が亡くなったら、あなたはどうしますか」。すると、バフェット氏は「私はプライベートジェットを買い、毎日彼の墓へ行って泣きます」と答えました。

●また、マンガー氏は「バフェットさんは私が出会った中で最も賢い人であり、また私の最も親しい友人です」と述べたことがあります。

●バフェット氏は「マンガーさんは私の人生で最も重要なパートナーです」と述べたことがあります。

このように、非常に相性の良い二人が協力すると、1＋1＝2をかなり超えて、1＋1は10にさえなるでしょう。彼らが創造した富は、彼らをアメリカで最も裕福な人びとにし、投資界や一般の人々からも大きな称賛を受けています。

会話では何を話せばうまくいきますか

人間はひとりでは生きられません。初対面の人と出会ったときは、会話だけでなく、身振りや手振り、表情など、体全体を使ったコミュニケーションで、素早く上手にネットワーク（社会関係）を築くことが重要です。

なかでも話題はもっとも重要です。何が相手の興味をひいているか、瞬時に判断して、相手が興味をもった話題にギュッと絞ることが大切です。

たとえば新しいビジネスを始めたばかりの人は、ビジネスの話題に敏感ですし、健康に不安を抱えている人は、健康の話題に強く惹かれます。

とはいえ、どこにでもあるような話題では相手を惹きつけることはできません。初対面の人をいっきに惹きつけるには、相手に「これは価値のある情報だ」と思わせることが重要です。

ある本を読んでいたら「あなたにとって情報とは何ですか」という問いかけがありました。

その本によれば情報とはサプライズ（驚き）を伴うものだといいます。たとえば「1＋1＝2」という式には、当たり前すぎて情報としての価値はありません。でも1＋1が2より大きかったり小さかったりしたら、それは相手の興味をひく情報となる場合が多いというのです。

人間は自分の知らないことを教えてくれるものに興味をもつものです。つまりそれも情報の重要な要素です。

したがって相手が驚くこと、相手のしらないことを常に情報として蓄積し、会話のなかに、うまく取り入れることが、会話をうまく進めるうえでは重要です。

机から変化のキッカケが説明できますか

あるところでスピーチしたときに「人と人との縁をどう考えますか」と質問されたことがあります。

そのときにふと頭をよぎったのは事務所に置かれているような普通の「机」でした。机の中央には書類や事務用品が置かれていて、それは毎日同じです。大きな変化はありません。では机で、大きく変化する部分はどこでしょうか。それは机の「フチ」（縁）の部分です。

机の「フチ」（縁）では中央と違って、いろいろな変化があります。置いてあったボールペンが転がって床に落ちるのも、机の「フチ」（縁）からですし、隣の机から何かの拍子に書類が倒れてくることもあります。つまり大きな変化は机の「フチ」（縁）からやってくる。そう気付くと何やら不思議な気持ちになりました。

人と人の「縁」も出会ったふたりに大きな変化をもたらしてくれます。また「縁があって」学校をかえた、職場をかえた、仕事をかえたといういい方をすることもあります。人の人生の中で「縁」と「変化」は「縁」という字が糸偏を含んでいるように、丈夫な糸で密接に結びついているのです。

そこで私は人生の大きな変化のきっかけは「机のフチ（縁）」で説明できると思ったのです。

さらに不思議なことに、中国でも日本でも机のフチも人と人とのエンも同じ「縁」という漢字であらわします。厳密にいえば中国語では机のフチは「辺縁」という漢字を使いますが、人間と人間の出会いは「機縁」つまり機会があって縁を結ぶということです。因みに英語ではどうかとChatGPTに聞いてみると、机のフチは「edge」で縁は「destiny」とのことでした。

III

なぜ偶然が人生を変えてしまうのですか

春は必ず冬より暖かいですか

春だからといって必ず冬より暖かい日ばかりとは限りません。お花見の季節に雪が降ることもあります。冬から春に向けてだんだん暖かくなるのは間違いない事実なのですが、だからといって明日が今日より必ず気温が高いと思い込んでしまうと、お花見に雪に降られて右往左往することになります。

冬から春に向けて気温が上がるというのは季節の変化からすれば必然なのですが、そこに急に寒さが逆戻りする日が混じってくる。それがいつやってくるかはわかりません。でも必ずそういう日もやってきます。

それはいまアメリカが好景気に沸いているとはいえ、倒産する会社は無数にあるのと似ています。アメリカ全体が好景気だからといってよく調べもせずに、アメリカの会社に投資したら失敗する可能性は十分にあります。

日本のバブル崩壊のときもそうでした。多くの人はほとんどの企業がバブル崩壊で大きな痛手を被ったと考えているようですが、うまくバブルの崩壊を乗り切り、その後資産を増やした企業や投資家もいるのです。

全体の流れを大きくつかむことは重要ですが、それが個別の事象にすべてあてはまると考えるのは危険です。

かつて家庭用のビデオの規格をめぐってソニーのベータと弱小メーカーの連合体が推すＶＨＳとがシェア争いをしたことがありました。最初は技術力と販売力で圧倒的な力をもつソニーが圧勝すると見られていましたが、蓋を開けてみるとＶＨＳの勝利でした。

全体の流れを理解するのも重要ですが、個別の事象に対する分析はもっと重要です。

なぜ有名人に興味を持つ人が多いのですか

多くの人が有名人の講演会を聞いて、その言葉から影響を受け、脳を活性化するというのは、いいことです。

有名人が講演会をすると大勢の人が集まります。アメリカの元大統領クリントン氏が日本に来て講演会をやると、皆が参加したがるので一回二時間ほどの講演料が何千万円にも跳ね上がると聞いたことがあります。

有名人の講演というのは聞くだけでもパワーをもらえるし、聴衆はみるだけでもパワーをもらうのでしょうね。

ただ私自身は積極的に有名人の講演会を聞きにいくということはまずありません。

私にとっては有名人に直接会ってパワーをもらうというより、同じ有名人でもその人の書いた本があれば、それを読むだけで十分だと思っているからです。

こんなことがありました。所用で東京に来たとき宿泊するホテルのエレベーターの中でビートたけしさんといっしょになったことがあります。もちろん言葉を交わしたわけではありませんが、何か大きなパワーをもらうことはありませんでした。ごく普通の人という印象でした。新幹線に乗って東京へ行く途中の米原駅では、安倍元総理大臣が幹事長の隣の座席に座って記者にインタビューされているのを聞き、そんなに特別ではなく、普通の優しい人だと思いました。

私が普通の人にくらべて少し鈍いのかもしれません。たけしさんに限らず直接だれかに会って強いインスピレーションを受けるという経験をしたことがありません。それよりもその人の書いた著作を読んで、その人生全体からヒントをもらうというのが、私の勉強の仕方です。

もちろん多くの人が有名人の講演会に出掛けて、そこからインスピレーションを受けて変わっていくのを否定しているわけではありません。ある人の講演会を聞いて、それが縁となって、良い方向に人生をもっていければ、素晴らしいと思います。

なぜ聴衆はエピソードを聞きたいと思うのですか

著名人の講演会というものがあります。私はあまり足を運ぶことはないのですが、講演会も基本的には本を読むのと同じように接しています。その演者の話の趣旨を受け取り、話の流れからどんなヒントがもらえるかに集中して聞くというスタイルです。ですから講演後の質問の時間などに、聴衆から「何か具体的なエピソードはないですか」と聞かれて演者が困っているのを見ると不思議な気持ちになります。質問者は講演の内容や演者の人間性をひと言で表すような印象的なエピソードを期待しているように見えます。でも長い時間をかけて話した講演の内容をひと言で表すようなエピソードなどあるはずがないし、ひとりの人間の生き方をひと言で表すような都合のいいエピソードもそう簡単には見つかりません。

講演会でも書籍と同様に、話の流れを全体として理解し、そこから何を学ぶかが大事なのです。たとえばプロスポーツ選手のチャンピオンの講演を聞くとすれば、私は、チャンピオンになったという結果ではなく、そこまで上り詰める過程に注目します。そこから私の人生やビジネスにどんなヒントがもらえるかが大事だと思うのです。

最近有名人の名を騙る投資詐欺に引っかかる人が多いですが、話の流れを把握せず、結果だけを聞くような態度だと、この手の詐欺に遭いやすいと思います。成功のエピソードだけでなく、そこまでにあった失敗や努力を流れとして聞いていれば、投資額の一割、二割が返ってくるなんて話を信じることができるわけがないでしょう。

おもしろおかしいエピソードを期待して講演会に集まる人たちと、荒唐無稽な投資詐欺に引っかかる人たちの心理には、どこか共通するものがあるのではないかと思います。

常識が大事なのは、なぜですか

最近有名人を名乗ってメールを送り、巧妙に投資話をもちかけ、お金をだまし取る手口の投資詐欺が蔓延しています。こうした投資詐欺がはびこる背景のひとつには、多くの人のもつ「有名人好き」があると思います。

ほかでも書きましたが有名人の講演会を聞いたりネットの画像を見たりして、そこからインパクトを受け、自分の人生を変えていくのはいいことだと思います。それは否定しません。

しかし、丸呑みはだめです。その人のいっていることをよく吟味してあきらかにおかしいところがないか分析してみることが重要です。

よく「学校の勉強は社会では役にたたない」などと訳知り顔でいう人がいます。でもこうした投資詐欺などに引っかからないようにするには、案外小中学校で習うような「常識」が役にたつことがあるのです。また自分が職業上の常識として得た知識が詐欺を見破るきっかけになることもあります。

私は電池の製造に携わってきたので電池のことはたいていわかります。現在の電池の性能からすれば携帯電話は最大で三日間は動きます。けれどももし相手が「この電池にすれば一カ月は動く」なんていいだしたら疑ってかかる必要があるとわかります。もしそれが投資話に関連したものだったら、それは詐欺である確率が高いのです。

またいくら素晴らしい業績をあげた人でも、過去の業績を丸呑みして現代のビジネスに適用するのも危険です。たとえば私の尊敬する松下幸之助さんも、もし現代に生まれて同じようなことをやったら、けっしてうまくいかないと思います。時代の常識や業界の常識又は社会の常識を持つのが大事です。

これもひとつの重要な「常識」といえます。

なぜ地球が丸いと信じるのですか
見たことがないのに、

インターネットを通じた投資詐欺が問題になっています。

有名人の名をかたる巧妙な手口に少なくない数の人たちが騙されているのです。なぜ分別のある人たちが「いま投資すれば二割から三割の利益が出る」という荒唐無稽な詐欺話に引っかかるのでしょうか。「私は大丈夫」。そう思っているあなたは、こんな質問にどう答えますか。

「実際に見たことはないのに、どうして地球が丸いと信じるのですか」

少々意地の悪い質問ですね。生身の人間が自分の目だけで見た風景からは「地球は平らなもの」と理解するほかはありません。なのに、ほとんどの現代人は「地球は丸い」と信じています。

私もそのひとりです。なぜ私が「地球は丸い」と信じているかといえば、信じるに足る間接的な証拠があるからです。

たとえば宇宙にある天体のほとんどすべてが丸い形をしています。だから地球だけ丸くないわけがないという理屈が成り立ちます。さらにいえばほんとうに科学的な根拠をもつ人の言葉だから信じるという理屈もあります。他人のもってきた投資話を信用するかどうかにも同じことがいえるのではないでしょうか。その話に信じるに足る間接的な証拠があるかどうか検証してみることです。それが見つからなければ、いくら相手が「地球は丸い」といっても「私の目には地球は平面に見えます」と言い続けることが大事でしょう。

余談になりますが、中国にも電話のオレオレ詐欺やインターネットの投資詐欺は蔓延していて、私の知り合いと親戚も何人も引っかかっています。人口が日本より多い分、悪いやつも多いし騙される人の数も格段に多いのです。

見えない場所をどうやって見ればいいですか

暗い場所にいる人は、明るい場所を簡単に見ることができますが、明るい場所にいる人は、暗い場所がどうなっているか、簡単に見ることができません。

暗い場所にいる人は、あらかじめランプなどを用意していたり、目が暗闇に慣れていたりするので、そこがどうなっているのか知ることができるのです。でも明るい場所にいる人は、目が明るい場所に慣れているので、そこに何があるか、どうなっているのか、確認することができません。

ではこういうとき、明るい場所にいる人は、暗い場所がどうなっているのか、どうやって知ればいいでしょうか。

いちばん確実な方法は、ランプなどを持って暗い場所まででかけていき自分の目で、そこがどうなっているのか、何が起きているのか確認してみることです。

しかし多くの場合、実際にその場所にいくのが困難だったり、そこまで行っている時間がなかったりします。また実際に行けたとしても、そこで何が起こっているか、自分には判断する能力がない場合も少なくありません。

そんなとき頼りになるのは、信頼できる専門家の存在です。過去に発表されたその人の論文や記事などを参考に判断してください。あるいは自分の信頼している人が、「この人なら信頼できる」と判断してくれた人を信用するというのもアリかもしれません。

ここでいう「暗い場所」「明るい場所」が比喩であることはいうまでもありません。あなたの元に舞い込んだうまい投資話が詐欺でないかどうか、「明るい場所」にいるあなたには判断が難しいとき、信頼できる人物に「暗い場所」のチェックをもらう姿勢が重要です。

どうして松下幸之助さんの話には力があるのですか

パナソニックの創業者である松下幸之助さんは、すごい方です。学歴もないし体も弱いのにあんな大きな会社を育てあげました。

ご本人は勉強家で、尋常小学校を4年で中退したにもかかわらず努力を続け、後には早稲田大学から名誉法学博士号を贈られています。

また自分の経験や考え方をどんどん本にしていかれた。著書は100冊以上あるんじゃないですか。私はそのうちの10冊ほどしか読んでいませんが、本に書かれている松下幸之助さんの生き方そのものが人生の手本になっているといってもいいですね。

努力家であることもそうですが、松下幸之助さんは「運」が強いことでも知られています。有名なのは乗っていた船から海に落ちたのに、その船が偶然目の前で回転し、運良く救助されたという話です。

この話のすごいところは「運良く救助された」で終わらないことです。松下幸之助さんはこの経験から「自分は運が良い人間だ」と自覚したというのです。だからこれから先、自分が手掛ける仕事はすべてうまくいくと考えました。そして以後、自分が不幸な環境にあるとは決して思うまいと心に決めたそうです。

この話を松下幸之助さんの書かれた本で読み、私は大きな人生のヒントをもらいました。私も相当運の良い方ですが、この本を読むまで「自分は運が良い」と自己認識することがさらに自分のパワーをアップするとまでは考えていませんでした。

こんなすごいパワーをもった松下幸之助さんだからこそ、多くの人が講演を聴きたがったり本を読んだりするのでしょう。有名になった人の言葉には、底知れないパワーがあるというのも事実です。

どうしたら目の前を明るくさせられますか

自殺する人について考えてみました。

多くの人が残した遺書や遺稿を読んでみると、自殺しようとしている人は意外に10年先、20年先の遠い将来を悲観していることが多いようです。自殺しないまでも目の前に決定的なピンチがあるわけでもないのに、将来に漠然とした悩みを抱えている人は少なくないのではないでしょうか。将来に不安があるから目の前の現実も闇のように暗く感じるというわけです。でもそれは発想が逆だと思うのです。

私が31歳で中国から福井にきたとき、ほとんど何ももっていませんでした。知人の紹介でなんとかアルバイトを見つけて食いつなぎました。当時の1カ月のバイト代は

２万７０００円。家賃は６０００円でした。食費は月１万円に抑えて何とかやりくりしました。それでも将来を悲観することはありませんでした。もちろん、現実には次々とたいへんなことが起こりました。まさに「現実多難」です。

でも、いまから考えれば悲観している余裕がなかったともいえます。次々に起こる困難をひとつずつ解決する努力が目の前を明るく照らしてくれたのです。そして気がつけば明るい未来が開けてきました。まさに「前途洋々」です。

つまり目の前の困難を解決する努力をコツコツと続けること以外に目の前の闇を照らす方法はないのです。

そう心に決めたら将来について自信をもてるようになります。

いま地球の未来について悲観的な見方をする人が増えていますが、地球はまだまだ大丈夫です。悲観的な見方にとらわれて何もしないより、目の前の課題をひとつひとつ解決していきましょう。

アメリカで銃は自殺に使われることが多いのを知っていますか

1992年10月17日、アメリカの高校に留学中だった名古屋市の高校生が、ハロウィーンの仮装パーティーに行く途中、訪問先を間違え、強盗と思った住民の男性に射殺されるという痛ましい出来事がありました。当時の私は中国から福井にきたばかりでしたが、日本中がこの高校生に哀悼の意を表明すると同時に、銃が簡単に所持できるアメリカの現状を嘆き、アメリカ社会に銃規制を求める声が高まっていたことを覚えています。

日本語は当時まだよくわかりませんでしたが、中国も日本以上に銃の所有に対する規制は厳しく、アメリカで一般の市民がピストルやライフルを普通に所持していることに驚きました。中国には日本の「暴力団」のような存在がないので軍隊や警察のような公的な組織の人間以外が銃を所持することはありえません。

そんなアメリカ社会と銃の関係への見方が変わったのは、あるデータの試算を伝える記事を目にしてからです。ウェブサイト「ポリティファクト」の試算によると１９６８年から２０１４年までの間、アメリカ国内での銃による死亡者の数は１５０万人近く。そのうち63％は銃による自殺で、銃によって殺害された人は33％にすぎないというのです（２０１６年1月30日、ハフィントンポストより）。

これには驚きました。今年（２０２４年）も公共の場所で多数の人たちを銃で殺傷する事件が相次いだアメリカですが、だれかに撃たれて亡くなる人の倍ほどの数の人が、自分で自分を撃って亡くなっているのです。

私も含めて外国人がアメリカの銃社会を批判するとき、銃で殺される人のことばかりに目を向けがちですが、それはアメリカの銃社会の一面しか見ていなかったのだと知ったのです。

なぜ偶然が人生を変えてしまうのですか

なぜ偶然が人生を変えるのでしょうか。それは、従来やっていることとは違うことを始めると、当初の軌道から外れてしまうからです。実際、多くの科学的発見や技術的発明は、現在進行中の仕事中に偶然性が作用することで生まれています。

たとえば、１９２８年、アレクサンダー・フレミング氏が世界初の抗生物質であるペニシリンを偶然見つけた話は有名です。

１９２８年に彼が実験室に散乱していた片手間の実験結果を整理していたときのことです。彼は廃棄する前に培地を観察し、ペトリ皿上の細菌のコロニーがカビの周囲だけ透明で、細菌の生育が阻止されていることを発見したのです。これにヒントを得て、彼はアオカビを液体培地に培養し、その培養液をろ過した液（ろ液）に、抗菌物質が含まれていることを発見し、ペニシリンと名付けました。

また、日本人の田中耕一氏も偶然に新しい試験方法を見つけて２００２年のノーベル化学賞の受賞者となりました。

ある日田中氏は普段なら絶対にやらないのですが「間違って」グリセロールとコバルトを混ぜてしまいました。「捨てるのも何だし」とそのまま実験したところ、高分子量のタンパク質をイオン化することに見事に成功したのでした。このときの偶然をもとに発見されたのが「ソフトレーザー脱離イオン化法」で、これによって田中耕一氏はノーベル化学賞を受賞することになりました。

その後、この方法は生物医学研究に大きな影響を与え、新薬の開発やがん、アルツハイマー病、エイズの治療法の研究に利用されています。

同様に、２０１２年にノーベル生理学・医学賞を受賞した京都大学の山中伸弥教授も偶然による発見の恩恵を被りました。２００６年にOct4遺伝子がマウスの胚性幹細胞の自己複製に及ぼす影響を研究していたところ、この遺伝子と他の三つの遺伝子を成体マウスの皮膚細胞に導入すると、これらの細胞が胚性幹細胞に似た多能性幹細胞へと変化することを偶然発見したのです。

これらの大発見はすべて、従来の実験で異常が見つかっていた状況において、慎重かつ勤勉に研究を続けた結果に基づくものです。つまり、成功するためには、チャンスに恵まれ、それを一貫して追い続けなければならないということです。「偶然に恵まれる」という運だけでなく、努力の結果でもあります。

また、偶然がその人の考え方を変え、性格を変えることもあります。たとえば、交通事故に遭ったことで、それ以降、陽気な人が無口になることもあります。予期せぬこと、事故、驚き、あるいはショック。偶然訪れるこれらが人生であり、生活であり、運命なのです。それを冷静に受け止め、できるだけ心地よく過ごしましょう。

個人だけでなく、国も同じです。国家においても多くの大事件は計画通りに起こるのではなく、予測不可能な偶然の産物です。

2023年11月に出版されたアメリカの作家モーガン・ハウゼルの著書（『Same as Ever: A Guide to What Never Changes』）には、次のように書かれています。

米国が第一次世界大戦に参戦した理由は偶然の出来事によるものでした。1915年5月7日、英米間の旅客船ルシタニア号にドイツ潜水艦の発射した魚雷の一つが命中し、乗客約1200人が死亡しました。これがアメリカの第一次世界大戦参戦の引き金になったと一般には考えられています。この巨大な船の船長であったターナー氏が、もし船の第4ボイラーを止めていなければ、船はもっと速く進むことができ、ドイツの潜水艦と鉢合わせすることもなく、128人のアメリカ人は亡くなることもなかっただろう、といっています。もしターナー氏の言うとおりだとすれば、アメリカは参戦することなく第一次世界大戦の歴史はまったく違った結末を迎えていたでしょう。

もう一つ、アメリカ合衆国の誕生も偶然の結果だと言えます。

1776年8月28日の夜、イギリス艦隊はニューヨーク港に集結し、ロングアイランドのアメリカ軍を攻撃する準備を整えました。艦隊は64隻の軍艦と輸送船、約3万2000人の兵士で構成されていました。ウィリアム・ハウ提督が指揮する部隊は、ロングアイランドのグレイブゼンドに上陸し、その後北に進軍してマンハッタン島のアメリカ軍を包囲する計画でした。

一方ジョージ・ワシントン将軍が指揮するアメリカ軍は約2万人で、ワシントンはイギリスの攻撃を阻止するため、ブルックリン・ハイツに防衛線を敷きました。

イギリス軍は計画通りに上陸し、瞬く間に北上しました。アメリカ軍はブルックリン・ハイツで頑強な抵抗を見せましたが、最終的にはイギリス軍に敗走させられました。アメリカ軍はマンハッタン島への撤退を余儀なくされました。28日の夜、イギリス艦隊はアメリカ軍がマンハッタン島から脱出するのを阻止するため、イースト川をパトロールしました。このとき、アメリカ軍は一団に包囲され、イギリス軍は確実な勝利を信じていました。

しかし、原因はわかりませんが、風向きが急変したため、イギリス艦隊は風に逆らってイースト川に入ることができず、アメリカ軍は夜のうちにマンハッタン島から無事避難しました。もし、イギリス艦隊に吹く風が向かい風ではなく追い風であったなら、ジョージ・ワシントンの全軍を圧倒して全滅させ、この世にアメリカ合衆国は存在しなかった可能性が高いです。

このように地球上のあらゆる歴史的大事件の背後には、論理的な推論では予測できないような偶発的な要因が常に存在している可能性があります。個人の運命は言うまでもなく、世の中の多くのことは偶然の産物です。自然や運命に敬意を払い、最善を尽くし、結果は気にしないほうがいいでしょう。

なぜ小さな原因を無視できませんか

「バタフライエフェクト」という言葉があります。小さな出来事の連鎖が世の中に大きな影響を与え、歴史をも変えるかもしれないという考え方です。ブラジルで羽ばたいた一匹の蝶がアメリカのテキサスで竜巻を引き起こすかもしれないと表現されることからこの言葉が生まれました。

これは原因と結果の話です。たとえば雨が降っているときには必ず雲があります。でも雲があるからといって雨が降るかどうかはわかりません。

原因がたくさんある場合も同じです。ある成功があって、その原因が10個あったとしましょうか。でも次にまったく同じ10個の原因（要因）がそろったからといって同じ成功に導かれるかといえば、そんなことはありません。

だから人間の社会はおもしろいということです。数学では表せません。1＋1は2ではないのです。

ここから私がもらったヒントは「結果から遡って原因を探さない」ということでした。こういう原因があったからこういう結果が出た。そういう分析をするのはいいけれども、その原因から必ずその結果が生じると思わないことです。

とくにいけないのは、なぜこの原因からこういう結果が生まれないのかと悩むこと。成功した人は必ず「自分は努力に努力を重ねた」なんて努力の重要性を強調します。でも「努力さえすれば成功する」ならこんな簡単なことはありません。

だから「なんで自分はこんなに努力しているのに成功しないのだろう」と悩まないことです。

バタフライエフェクトを竜巻から蝶へ遡ろうとしてはいけないのです。

車を買うときの決め手は何ですか

車を買うときあなたは何を見て買いますか。

車でいちばん大事なのはエンジンだと私は思います。エンジンに問題があれば重大な故障につながるからです。ですから車を買うときの決め手は何かと聞かれれば「エンジン」と答えたいところです。

ところが最近の車、とくに日本車のエンジンは優秀で、ほとんど問題がない領域に達しています。過去に車のエンジンが抱えていた問題はほとんどクリアしてしまったようです。

ですから、いま車を買うときだれもエンジンなんか見ません。自分の好きなブランドだからとか、色や形が好きだからという理由で車を選ぶことになってしまうのです。ブランドだとか色や形というのは、車の本質的な性能からみれば、あまり意味のない、ほんのわずかな差異でしかありません。

でもいったんエンジンの性能という車にとってもっとも重要だと思われる条件がクリアされると、多くの人の関心がまったくそれまでとは別のものに移っていくのです。

これは、いくら人間にとって大事なことでも、それが満たされたり、当たり前になったりすると無視することになるという事実を示していて、そのあたりがなんともおもしろいと私は感じます。

たとえば人間が暮らす環境です。

人間にとっていちばん大事な物は「空気」でしょう。でも「空気」はどこにでもあるし、ただで手に入ると思ってきました。だから、つい最近まで「空気」で住む場所を決める人などいませんでした。

それが最近になってさまざまな環境汚染が問題となるようになって、空気もただではないことがわかって見方が変わってきました。

食べ物もそうでしょう。ちょっと前まで中国でも日本でも毎日の食事に事欠かなければ幸福だと思っている人が大半でした。家庭で出される料理は何でも食べ、旨いとかまずいとかいうものではないと躾けられてきたのではないでしょうか。

それがいまではどうでしょう。「飽食の時代」はすでに過去のものとなり、日本ではいまや「フードロス」が大きな問題になっています。またネットには「グルメ情報」があふれ、人びとは何が旨いかの順位付けに躍起になっています。

人間は自分が大事だと思う物に必ず順番をつける生き物だと私は思います。

就職、結婚、家庭、すべてそうです。そしてその順番はどんどん変わっていきます。

たとえば就職するとき、まずいちばんに考えるのは、大手企業に入れるかどうかでしょう。でもいったん入ってしまうと、今度は仕事のやりがいとか人間関係とか、大事なものの優先順位は変わっていきます。

結婚相手を選ぶときもそう。最初は「お金が大事」と思っていても、その条件に合

致する相手が現れると「やっぱり容姿が良い方がいい」になり、家庭をもつようにな
ると「なにより健康が大事」と変わっていったりする。
人間ってほんとうにおもしろい。

車が走ったり停止したりするのを決めるのは何ですか

車はアクセルを踏めばスピードがあがるし、ハンドルを切れば曲がっていきます。止まろうと思ったときにはブレーキを踏んでやればいい。

このように車を自在に動かすために、車には複雑な機構が備わっています。でも最終的にあなたの意思を伝えて、車をコントロールするのは、タイヤと路面の間に働く摩擦力だけです。

これは自分の人生を決めるのは自分自身しかいないというのに似ています。

功成り名を遂げた人たちが、インタビューに答えてこんなことをいうのをよく聞きます。

「これまでの人生は多くの方々のご支援の賜物でした」

でも自分の人生を決めるのは、親でもなければ恩師でもありません。たったひとりの自分自身です。

いろいろな人の助言を受けたり、生き方を参考にしたりすることはあるかもしれませんが、厳しい現実を前にぎりぎりの決断をして人生を切り拓いていくのは、自分自身をおいて、ほかにはいません。

高級なスポーツカーなど、高性能の車になればなるほど、タイヤと路面との間に働く摩擦力をコントロールし易いように、高度なテクノロジーが使われています。とはいえ最終的には、タイヤと路面との間にどんな摩擦力が生まれるかで車の行く先は大きく変わってしまう。

自分の運転する車の行く先に責任を持てるのは運転者自身であるように、あなたの人生に責任を持てるのは、あなた自身以外にないのだということを肝に銘じてください。

IV

人間の自由は凧と似ていますか

家庭とはいちばん小さい社会ですか

家庭は人間関係を深く学ぶための最小の単位だと私は思います。この間、中国から福井にきて最初に勤めた会社の社長と会長と食事をする機会がありましたが、そこでも人間が成長するには、やはり結婚が早道だという結論で一致しました。

なにしろ家庭には最初、夫と妻の二人しかいませんからね。仲のいいときもあるし、やっぱり別の人間だから、意見が食い違い、それがけんかに発展することもあるでしょう。

そういうときどうやって二人の間で妥協点を見いだすか。相手を説得するという方法もあるし、相手の話を聞いて、それに自分が合わせていくという方法もある。二人で意見を出し合って、別の解決法を見いだすという方法もあります。

その方法をうまく認識できればできるほど人間としての成長も早いのです。私は、それまであまり人間関係を意識してこなかった人が、結婚したとたんに真剣に人間関係を考えるようになるというケースを何人も見てきました。

知り合いの社長の中にも、結婚したとたんに、社員との関係を見直し、ぐっと関係がよくなったというケースも知っています。

現代社会においてますます人間関係は重要になってきています。人間が違えば考えが違うのは当たり前です。意見が違う人に自分の意見を理解してもらうことも重要ですが、相手の意見の違いを理解してそれを吸収することも重要です。あるいは共同でもっと良いアイデアを出すことも重要です。

いずれにせよ直接触れあう人間関係がますます重要になっていく中で、家庭はその基礎ともいえると思います。

国道で走る車はすべて法律上の速度で走っていますか

人間のつくっている社会には自然に生まれた社会習慣というものがあります。またある場所、ある状況で、ある流れの中で、自然に生まれるルールのようなものもあります。

たとえば制限時速が50㎞の国道を車で走っていたとしましょう。あなたはどんなときでも時速50㎞を超えない速度で運転しますか。それとも前後の車の速度を見て、多少制限速度を超えていても、そのときの車の流れに合わせて走るようにしますか。

道路交通法から見れば前者のように運転するのが正解でしょう。でも多くの人は後者のように、その場で生まれた流れが多少法定速度を超えていても、その流れを尊重して運転するでしょう。そうしないと後続車のドライバーに過剰なストレスを与え、場合によっては追突事故を誘発するおそれがあるからです。

このように社会習慣や生活のルールは、ある状況のもとでは法律で決められた規則と食い違うことがあります。これは当たり前のことです。人間は社会習慣やルールをすべて法律で縛って生活するものではないからです。その場で生まれた「流れ」を尊重し、それに合わせていく態度は社会人として重要です。

会社もそうです。会社にはそれぞれに違った雰囲気があり、文化があります。それを背景にある状況下で「流れ」が生まれます。社員はこうした流れに沿って身を処すことを求められます。

もちろん法律は守らなくてはなりません。赤信号の交差点に突入する行為はどんな理屈でも擁護できません。

いま尊重すべきは社会習慣なのか法律なのか。日常生活の中で、私たちは常にその判断を問われているのです。

電車はどうして車のように自由に走れませんか

電車も車も人間を乗せて長距離を移動してくれる便利な乗り物です。この電車と車には決定的な違いがあります。

電車はレールの上を走るので自分では行き先を決めることができません。外部から走るべきレールを指示されて初めて目的地が決まります。コントロールできるのは走る速度と停まる駅ぐらいですが、それも自分自身でコントロールできるわけではなく運転手の仕事です。

それに対して車をコントロールするのは、あなた自身です。行き先を決めるのもあなた自身ですし、どんな経路でそこを目指すのかも、あなた自身が決めます。道さえあれば、どこにでも行けます。

電車を選ぶか車を選ぶかは、あなたがどんな人生を選ぶかに似ています。

自由がもっとも重要と考える人は、迷わず車のような人生を選びます。自分の将来は自分で決める。自分の運命を決めるのは自分自身、人間だという考え方です。社会の枠組みやルールからは、なるべく遠いところで生きていきたいと考えている人が、この生き方を選びます。

電車に乗るような人生を選ぶとは、ある社会の枠組みを丸ごと受け入れることです。アメリカに行ったらアメリカの習慣を受け入れることを最優先するし、日本に来たら日本の習慣に慣れることを最優先する生き方。日本には「郷に入れば郷に従え」という諺がありますね。

もちろん自分の人生を完全にコントロールすることはできません。与えられた社会の枠組みにはある程度従わなければダメです。

私は断然、車を運転するような人生を選びます。自由があるから。でも、いまの中国では電車に乗るような人生しか選べません。

人間の自由は凧と似ていますか

人間にとって自由は凧のようなものだ。

それが私の持論です。風を受けて凧はどんどん空に上っていきます。風の方向と糸の出し具合で自由自在に飛び方を調整することができます。でも、糸を持つ手を放してしまったら、あっという間に凧は安定を失い、地面に激突するか、空の彼方に飛び去ってしまうでしょう。完全に「自由」なのではなくて、糸によって一点につながれていることが凧には必要なのです。

人間も同じです。完全な「自由」はときに人間を破滅へ導くことがあります。

とくにまだ人生経験の少ない学生や子どもたちを完全に自由にするのは危険です。

犯罪に巻き込まれたり、騙されたり、詐欺に遭ったりするからです。親はもちろん学校の先生などが糸になって、ある程度「自由」を制限して管理してやる必要があるのです。

子どもたち自身も親や先生に相談したり、年上で経験や知識のある友人にアドバイスをもらわないと自分自身を見失う危険があります。

たとえば私が凧の糸になったつもりで息子に言って聞かせていることがあります。

「煙草は仕方がないが、麻薬は絶対ダメ」

「殺人も絶対ダメ」

この二つの原則を守ってくれさえすれば、子（凧）が変な方向に飛び去ってしまうことはないと私は考えています。

この話はある人が書いた本を読んでいて思い付きました。その本で作者は自由を公園にあるブランコのようだと書いていました。

草原に住む人びとと日本人の時間感覚は同じですか

2003年12月、私は中国・内モンゴルの大砂漠の真ん中にある吉蘭泰《ジランタイ》塩湖を訪れました。

私たちを迎えに来た運転手に「塩場までどれくらいかかるか」と尋ねると、彼は「約6時間」と答えました。私は「それは日本では信じられない。福井から東京にある羽田空港までの距離と同じだ」といいました。すると、運転手は話をこう続けました。「今回の出迎えはとても近い距離だよ。数年前、日本の名古屋からのお客様は遠い呼和浩特《フフホト》空港に到着し、私たちが迎えに行ったとき、片道だけで20時間以上かかったよ!」と。

これを聞いて、私はまたまたびっくりしました。途中で運転手と雑談中、彼は「もしモンゴルの草原で出会った人びとと時間の話をするとき、もっと気を付けなければならない」といいました。「草原の人が〝用事があるから、ちょっと待って。たばこを吸う時間だけだよ〟と言ったら、日本人は数分待つと思うが、草原では半日くらい待たされることが普通である。彼らの時間感覚は我々とはまったく異なる」と注意を促してくれたのです。

それからもう20年以上を経た現在、モンゴルの草原の人々の時間感覚はどうなったでしょうか。「たばこを吸う時間は2時間くらい」と短くなったでしょうか。

日本では時間に対する要求が非常に厳格であり、面談は通常2～3分の精度で行われ、スピーチも1～2分の遅れで終了します。都市のバス、地下鉄、列車はほとんど遅れず、早くも到着しません。

地球上で採用されている時間の尺度は、地球が太陽の周りを1回公転するのが1年、地球が1回転するのが1日。1日は24時間で、1時間は60分、1分は60秒です。この意味では、時間の経過は客観的に存在し、人によって変わることはありません。

しかし、実際の生活や仕事では、具体的な時間の感覚は個々の生活や仕事の性質に密接に関連しており、一概には言えないのです。また、時間に対する感覚は年齢、経験、感情など主観的な要素にも影響されます。

地球上の異なる地域に住む人びと、また同じ人でも異なる地域や条件で生活すると、時間の感覚はまったく異なり、どんなに進んだＡＩでも、この点を理解するのは難しいだろうと思われます。

大昔の原始部落や数百年前の農業社会では、時計がなく、人びとは太陽の昇沈を基準に生活していました。工業文明が進む中で、生産性を正確に計算する必要性が生じ、時計が発明されました。それから数百年の進化を経て、今日では世界の国々が全地球統一の時間基準を定めました。その具体的な目的は以下の通りです。

1. **協力と交流の促進**：各国が同じ時間基準を使用することで、コミュニケーションや協力が容易になる。たとえば、誰かが午後2時に会うと約束した場合、異なる時間基準を使っているとその機会を逃してしまい、協力の機会を失う可能性がある。とくにグローバルな遠隔地協力では、会議のスケジュール調整や計画の立案が実現可能である。

2．科学技術の発展：より先進的な科学技術ほど正確な時間計測が必要である。たとえば天文航法、ＧＰＳ、インターネットなどである。時間が統一されていないと、これらの技術が正常に機能せず、深刻な問題や誤りが発生する可能性がある。

3．社会秩序の確立：時間基準が統一されることで、法律や社会規範の遵守が促進され、安全で安心した生活が実現する。たとえば、ごみの収集や消防活動などは時間の統一が必要で、環境の清潔さや災害防止に寄与する。災害時の救助や交通事故対応、重篤な患者の救急対応などでも秒単位での時間管理が必要である。スポーツ競技ではとくに時間の精度が求められ、誤差が許されない。

現在の情報化時代では、ミリ秒単位で利益と損失を計算するビジネスもあり、時間の正確性が至上命題となっています。

しかし、時間の統一と精度向上にもかかわらず、現代の都市生活者、公務員やサラリーマン、政府のリーダーや企業の経営者たちは、時間に過度に注目するあまり、草原の牧民のような気楽な気分を失いつつあるのも事実です。

時間の正確性に過度に執着することで不安や焦燥感を抱き、すべてのことを完了する時間が足りないと心配する人も出てきます。その結果、充実した生活を楽しむことができないという長期的な焦燥状態に陥り、うつ病や不眠症、疲労、食欲変化、社交の回避などの問題を引き起こす可能性があります。一部の人びとは自殺するおそれさえあるといえます。そのため、異なる状況に応じて気持ちを適切に調整し、時間の概念を柔軟かつ機動的に管理することが推奨されます。

時には草原の人びとのように焦らずに落ち着いて行動することが必要です。普段の生活や休暇中はリラックスし、焦燥感やストレスを和らげることを学びましょう。仕事では自分に適した合理的な目標を設定し、それらを比較的余裕を持って達成するための時間を確保することを学ぶ必要があるでしょう。もし焦燥感、強迫症、うつ病などの状態に陥った場合は、それを蓄積せずに早めに助けを求めて緩和することが重要です。

すべての重要な問題と時間の管理については、❶急で重要なもの、❷急で重要でないもの、❸急でないが重要なもの、❹急でもなく重要でもないものの四つに分けることができます。すべてこの順序に従って対処しましょう。

時間管理を上手にするための最良の方法は、まず自分の心を穏やかで楽観的な状態に保つことです。何かに直面したときは急がず、まずこの四つの分類に基づいて問題を分析し、順を追って対処することです。問題解決の際には集中し、より良い方法を見つけるために努力しましょう。

自分が主体となり、事態に追われることなく行動することが重要です。自分で解決できない場合は、他の人と協議し、必要に応じて諦めることも手段の一つです。一つの問題にこだわりすぎず、自分自身を苦しめないようにしましょう。小さな問題でも長期間気にかけていると、それが大きな問題になり、自分の健康を害することにつながります。

現代人は物質的には過去の人々よりも豊かですが、余暇が多いため精神的には比較的空虚で、心理疾患を発症しやすくなっています。これは人間関係の問題からくる場合もありますが、多くの場合は生活と仕事の多忙さのため自分で管理できない時間があるのが原因です。

時間管理の方法は自己訓練が必要であり、問題分析と解決のための良い習慣を自覚的に身につけることが大切です。

時間の奴隷ではなく、時間のパートナーや主導者として行動することで、心地よく、精神的にリラックスした、楽しく、仕事がスムーズに進む生活を送ることができるのです。

世界でいちばん簡単な商売は何ですか

世界でいちばん簡単な仕事は株売買です。

普通の商売だと仕入れから始まって検品、伝票、包装、出荷といろいろな仕事をこなさないといけません。物づくりになると、もっとたいへんでさまざまな原料の仕入れだけでもたいへんです。私がやっている電池づくりでも約40の原材料が必要でした。そのどれかひとつが手に入らないだけで製造ラインが止まってしまいます。

株の取引は買うか売るかの二つだけです。大変シンプルで簡単です。

株は儲ける仕組みも簡単で安く買って高く売る。それだけです。

しかし一方で株の売買は世界でいちばん複雑な商売でもあります。というのは株価に影響を与える要因は無数だからです。何が影響を与えるかわかりません。ある人の言った言葉、ある噂、会社の業績、同業者の業績、政治の動き、報道等、もう無数にあります。

また、だれもが見過ごすような小さい原因でも大きな株価の変動をもたらすことがあります。

私も以前株で儲けようと思いましたが、これは無理だとわかってやめました。株で儲けているのは、アメリカ人や中国人でほんとうに頭のいい人だけ。それは5％もいないとわかったからです。そしてなんとかプラスマイナスゼロの人が5％、残りの90％は損をしています。

もうひとつ私が株で儲けようと思わない理由は、自分でコントロールできる部分がまったくないからです。私は自分でコントロールできる部分が50％以下の事業にはタッチしないようにしています。

株のように自分でコントロールできる部分がまったくないものに投資することは「遊び」と割り切らないと危険です。経済動向を勉強するなら、お金を出して株を買うことは、大学に入学したのと同じ感じで真剣になり、一生懸命に習って損しても得る知識があるから、悪くないです。

私はいまでもときどき株を少ない資金で買ったりしますが、投資して儲けようとすることより、経済の動きを肌で感じて常に頭に情報を入れるためにすぎません。

会社経営でいちばん大切なのは何ですか

私は創業当時ＨＭＤ（ヘッドマウントディスプレイ）をつくって中国で販売しようと計画しました。日本で調達した部品を中国で組み立てて売れば、すぐにも３０００万円から５０００万円の儲けが出ると夢は膨らみました。でもまったく売れず大失敗しました。周囲の日本人がいろいろと援助してくれて傷は最小限で抑えられました。

このとき会社経営でいちばん大切なことは、会社を倒産させないことだと知りました。夢はどれだけ膨らませてもいいが、一方で会社は絶対に倒産させてはいけないのだとわかったのです。

日経ビジネス（ウェブ版、２０１7年3月21日）によると、ベンチャー企業の生存率は、創業から5年で15％、10年で6・3％、20年で0・3％です。つまり、創業からわずか10年の間に9割以上の会社がなくなってしまうのです。ですから創業した会社を倒産させないで存続し続けさせるのは経営者としての最低ラインを守るという意味で立派なことです。これがわかるとぐっと気持ちがラクになりました。

会社を倒産させないという最低ラインを守る経営とは、結婚した以上、決して離婚はしないと夫婦で心に決めるのに似ていると思います。いくら夫婦げんかをしても、決して離婚をしないという前提で話し合えば、合理的な解決策はいくらでも見つかるはずです。多くの夫婦がそういうふうに考えないから、感情的になりすぎ結婚という「最低ライン」を踏み外してしまうのです。

会社を倒産させないという最低ラインを守るという合意があれば、社長と社員の関係もうまくいきます。納得できる賃金で合理的な管理体制の下に働くことができれば、会社は存続しつづけるだけでなく、いつか夢を現実のものとしてくれるはずです。

前進と後退以外にフェーズがありますか

もう24年か25年前のことです。当時私は株に興味があって、株の本をたくさん読みました。その中に戦前は軍隊でそこそこ偉い地位にいた人が書いた本がありました。その人は戦後、株の取引でかなり儲けたようでその極意を本の中で披露していたのです。

その中で私が強く惹かれたのは、株も軍隊も待機することがもっとも大事だということでした。その人がいうには軍隊でもっとも大事なのは戦うこと自体ではなくて、どれだけ辛抱強く待機できるかどうかだそうです。よく訓練された１００人の部隊が

1000人の敵の部隊を撃破することは不可能ではありませんが、それを可能にするには、そのチャンスが訪れるのを待ち続けることができるかどうかにかかっていると彼はいいます。

もちろん漫然と待機していればいいというものではありません。待機中に訓練を重ね、10倍の敵に勝つ能力を養うのはもちろん、敵の動きを察知して、勝つチャンスを的確につかむ情報分析能力を養うことも重要です。

「株も同じだ」というのがその人の持論でした。株価は日々変動します。それに一喜一憂するのではなく、チャンスが来るまで動かないことがもっとも重要だと彼は書きました。

それを読んで私は人の生き方も同じだなと思いました。毎日毎日「がんばれ、がんばれ」と旗を振って営業するのではなくて、普段から知識を蓄積したり、人脈を広げたり、ビジネスのノウハウを身に付けたりする待機の時間がないとダメだと思います。

四半世紀前に読んだ本の話ですが、これは私のビジネスの基本になっています。

優れた主婦は会社の後継者に向いていますか

本や新聞記事を読んでいると、不幸にも社長が事故や病気で急逝したあと、だれも後を継ぐ人がおらず、奥さんが仕方なく後継者として社長になってうまくいっているケースが紹介されています。

もちろんうまくいっているケースは、創業途中の急逝ではなく、ある程度創業時の苦しい場面を乗り越えた局面で起きた社長の交代がほとんどです。

こうした場面で後継者に求められるのは、創業社長と違って優れた管理能力です。

創業時は資金繰りが難しかったり、メーカーであれば製品に突発的な不具合が起きたりして管理能力よりも創造的な能力が求められるのですが、いったん軌道に乗った会社の社長に求められる管理能力とは、収入と支出を把握して、支出が収入を上回ることのないようにバランスをとることです。

これは毎月決まった収入から支出を行い、赤字にならないように家計を切り盛りしていくという主婦の仕事に極めて似ています。物価が上がれば支出を抑えるという感覚は、仕入れ値の上昇にともなって経費を絞るという感覚に近いでしょう。

したがって優れた主婦が夫の急逝の結果、会社の後継者になるというのは理屈にあっているといえます。

私の知人も事故に遭って突然、亡くなりましたが、奥さんが後継者になって、その後もうまくいっています。とくに女性特有の細やかさから支出の内でも経費を毎月細かく管理することで収入と支出のバランスをうまくとって成功しています。

優れた家庭の主婦が会社の社長として優れた能力を発揮するのは、決して偶然ではないと思います。

アインシュタインはなぜ偉いのですか

私は若いとき科学者を目指して勉強していたのでアインシュタインの伝記をよく読みました。

その中に出てきたアインシュタインの印象的な言葉があります。

「想像力は知識よりも重要。知識は限られているが、想像力は世界を包み込む」

私も学生の頃は知識を頭に詰め込むのに必死でした。でも日本に来て科学者から実業家に転じてからは、このアインシュタインの言葉が何度も繰り返し蘇ってくるようになりました。

ここでアインシュタインがいう「知識」とは、パソコンを構成している部品のようなものなのです。心臓部であるＣＰＵから始まってディスプレイやキーボード、ハードディスクドライブなど、決まり切った部品で構成されるパソコンですが、それを使う人間によって、まったく違った使われ方をするし、生まれてくるものもまったく違います。

それをアインシュタインは「想像力」という言葉で表現したのだと私は思います。人間はやはり知識だけでは生きられません。その点から見てもアインシュタインは豊かな感性と柔軟性を持った人でした。彼はバイオリンも上手に弾きましたし、人を惹きつけてやまない素晴らしい話術を心得た人でした。そうした人間としての魅力は、イスラエルが建国されたあと、初代の大統領から二代目の大統領を務めてほしいと頼まれたことからもわかります。

アインシュタインはまた次のような名言も残しています。

「人生とは自転車に乗るようなもの。バランスを崩さないため、前に進み続けなきゃいけない」

ＡＩは人間の代わりに世界を制御できますか

ChatGPTが登場してからＡＩの危険性に注目する声が聞かれるようになりました。ChatGPTをはじめとした生成ＡＩには、さまざまな情報にすごいスピードでアクセスでき、ビジネスの効率化につながるといったメリットがあります。

一方で、いわゆる「フィッシング詐欺」や「コードの不正作成」に悪用される恐れがあるほか、適切でない発言やフェイク情報を拡散する危険があります。それだけでなくそこから機密情報の漏洩が起きるリスクもあります。

テスラやXで有名なイーロン・マスク氏はこうしたＡＩについて「私たちは初めて、

人間よりもはるかに賢いものを手に入れた」と発言し、ＡＩは人類にとって「最大の脅威のひとつだ」と述べたそうです。私の友人経営者の中にも「ＡＩは脅威になる」と考えている人は少なくないようです。

でも私はそうは思いません。

ＡＩはあくまで人間の作った道具です。人間がつくったプログラムに沿って決まったことをやるだけです。良い人間が使えば、人間にとって有益な研究開発を推し進めることができるし、そういう意味でＡＩが人間社会を発展させるのに有効に機能することはあるでしょう。

逆に悪い人間がＡＩを使えば人間社会の発展を阻害するような局面も当然、出てくるでしょう。

ですから車の運転や銃・刃物の所持に法的な規制があるように、今後はＡＩの使用できる範囲や方法について禁止事項を明確にし、罰則なども決めればいいと思います。道具は使う人次第だという原則はＡＩにも当てはまるのです。

おわりに

私は中国陝西省《せんせい》白水県の北東部にある小村の出身です。18歳になって大学にいくまでこの人口150人の村をでることは、ほとんどありませんでした。そんな私が中国を出て日本の福井にいくまでの経緯を「おわりに」にかえてまとめてみました。

私が生まれたこの村には電気がないのでテレビも電話もありません。水道もないので食用の水は深さ50mもある深井戸から汲み上げていました。小学校のときは成績がよく、飛び級をしました。ただ当時は文化大革命の余波があり16歳で高校をでても大学受験はありませんでした。そのため田舎へ帰って農業をしました。

風向きが変わったのは鄧小平の時代になった1977年10月のことでした。再び大学受験ができるようになったのです。漢方医だった父は人民日報の記事を見て「時代が変わったので、準備して」と言いました。

約5000人の受験者のうち私一人だけパスして西安理工大学材料学部に進学でき

ました。当時私がいた場所では大変なニュースとなりました。１９７８年3月のことです。

その後厳しい修士試験をパスして私は１９８３年9月にハルビン工業大学大学院に入学しました。大学院では三年間金属の摩擦摩耗を研究して修士号を取得しました。

このころ初めて日本語を外国語として勉強しましたが、本を読んだりすこし文章を書いたりできる程度でした。

西安理工大学で働いていた１９８７年4月、福井大学工学部の荒井克彦先生が水利学部に来られて講演されました。当時その学部には日本語が通訳できる先生はいませんでした。そこで、私が通訳として荒井先生を上海へ出迎えに行ったのです。

その後、福井大学工学部の山本富士夫先生が水利学部に来て講義されたとき、通訳したり、西安の観光名所である秦始皇兵馬俑等へ案内したりしました。

その後同じ福井大学で研究分野が私に近く、山本先生と親しい小幡谷洋一先生を紹介されました。数回手紙で交流すると、小幡谷先生は共同研究の形で私の来日の段取りをしてくださり、私はビザを取ることができました。

いよいよ日本に向けて出発です。日本の物価は高いと聞いたので、歯磨き粉や靴下や衣服など必要な品物をいっぱい買って、荷物は合わせて約100キロになり、スーツケース3つに詰めました。そして現在も上海と神戸の間を運行しているフェリー・鑑真号の片道2万円のいちばん安いチケットを買い、二日間かけて1991年7月15日神戸港に到着しました。

こうして私の日本での生活が始まったのです。

福井についた翌日、私は福井大学小幡谷先生の研究室に入って、金属塑性変形のメカニズムを研究しました。先生のご指導の下で研究のテーマについて議論して英語で論文を書きました。英文を書くのは苦手で、小幡谷先生によく書き直してもらいました。

1994年4月に、できたばかりの福井大学大学院材料工学研究科博士課程に入学、日本機械学会では論文を発表し、1997年3月博士号を取得して無事に卒業しました。

その後私は家の近所にあった総合商社・轟産業株式会社の酒井貞美社長と知り会いました。これが私の人生を大きく変えることになります。

人生を変えるには本人の実力とチャンスが必要です。日本語ができたからこそ私は来日できたと言えます。日本でさまざまなことを体験してすごく勉強になり、交友関係を広げることができました。その交友関係が基になりビジネスで成功して現在に至っています。

日本で知り合った多くの人びとには感謝の言葉もありません。本書を書くことで少しでもお返しになれば幸甚です。

２０２４年11月吉日

靳忠效《ジンチュウコウ》

〈著者紹介〉

靳忠效（ジン チュウコウ）

1960年2月生まれ。中国出身、福井県在住。株式会社ネクセル代表取締役。1991年7月来日。1981年中国西安理工大学材料学部卒業（工学学士）。1986年中国ハルビン工業大学材料学部卒業（工学修士）。1987年福井大学材料工学研究科物質工学専攻工学博士取得。1997年4月株式会社アコス入社。2001年に創業し、2006年株式会社ネクセル設立。近著に「ゼロスタート―異国・日本での創業奮闘記―」（幻冬舎メディアコンサルティング）がある。

卵《たまご》は食《た》べ物《もの》ですか

2024年12月20日　第1刷発行

著　者　　斬 忠效
発行人　　久保田貴幸

発行元　　株式会社 幻冬舎メディアコンサルティング
〒151-0051　東京都渋谷区千駄ヶ谷4-9-7
電話　03-5411-6440（編集）

発売元　　株式会社 幻冬舎
〒151-0051　東京都渋谷区千駄ヶ谷4-9-7
電話　03-5411-6222（営業）

印刷・製本　中央精版印刷株式会社
装　丁　　稲場俊哉

検印廃止

Printed in Japan
ISBN 978-4-344-94950-8 C0095
幻冬舎メディアコンサルティングＨＰ
https://www.gentosha-mc.com/